Hans-Jürgen Langenbahn

Kaffee, das unverstandene Wesen

Hans-Jürgen Langenbahn

Kaffee, das unverstandene Wesen

oder: Das Grauen einer Kaffeezubereitung

Bloggingbooks

Impressum / Imprint
Bibliografische Information der Deutschen Nationalbibliothek: Die Deutsche Nationalbibliothek verzeichnet diese Publikation in der Deutschen Nationalbibliografie; detaillierte bibliografische Daten sind im Internet über http://dnb.d-nb.de abrufbar.

Bibliographic information published by the Deutsche Nationalbibliothek: The Deutsche Nationalbibliothek lists this publication in the Deutsche Nationalbibliografie; detailed bibliographic data are available in the Internet at http://dnb.d-nb.de.

Coverbild / Cover image: www.ingimage.com

Verlag / Publisher:
Bloggingbooks
ist ein Imprint der / is a trademark of
AV Akademikerverlag GmbH & Co. KG
Heinrich-Böcking-Str. 6-8, 66121 Saarbrücken, Deutschland / Germany
Email: info@bloggingbooks.de

Herstellung: siehe letzte Seite /
Printed at: see last page
ISBN: 978-3-8417-7042-4

Inhaltsverzeichnis

Vorwort ... **3**

Vom Kaffeemarkt kann ich viel wissen … Ein Gedicht zum Neujahrsbeginn ... **5**

Kapitel 1
Das Grauen einer Kaffeezubereitung ... **7**

Das Grauen einer Kaffeezubereitung ... 8
Ist Ihr Kaffee gut geröstet? Der ultimative Vergleichstest ... 11
Warum jeder Kaffeeliebhaber lernen sollte, einen Kaffee zu verkosten ... 14
Anmerkungen zum Blogpost „Kaffee-Globalisierung gleich Geschmacks-Desaster?“ ... 22
Brasilien – No(r)way-Kaffee aus der AeroPress.
Zu Besuch bei Isabela Raposeiras, São Paulo ... 27
Kaffeezubereitung: Der Keim der Hoffnung ... 31

Kapitel 2
Weniger ist mehr oder was man braucht, um einen guten Kaffee zu machen ... **36**

BESTBREW oder die perfekte Kaffeezubereitung. Ein Interview mit Robin Salten ... 37
Die Hario Mini Mill Slim-Handmühle – ein weiteres Kleinod aus Japan ... 44
Hario Coffee Syphon „Technica“ TCA-2 und TCA-5: Das Zelebrieren von Kaffee ... 46
Clever Coffee Dripper – die clevere Art, Kaffee zu machen! ... 47
Die ESPRO PRESS im Test ... 49
Die neue 1-Liter-Espro Press: Entwicklungsförderung auf Kickstarter ... 60

Kapitel 3
Zwischen Exklusivität und Schmuggelware ... **62**

Mit Tom Owen (Sweet Maria's) und George Howell (George Howell Coffee Company) auf Sumatra ... 63
Gayo, Mandheling, Lintong: Sumatra-Kaffees im Vergleich ... 65
Eine Woche im Kaffee-Paradies.
Zu Besuch bei Sweet Maria's, Kalifornien ... 69
Völliger Umbruch in Äthiopiens Kaffee-Sektor.
Zukunft der Spezialitätenkaffees gefährdet ... 79
Äthiopien: Bulk-Verschiffung von Kaffee als null und nichtig erklärt! ... 82
Kaffee im Jemen: Ein Land zwischen Qahwa, Gishr und Nescafé,
zwischen Exklusivität und Schmuggelware ... 83
Ruanda: Tolle Kaffees beim ersten Cup of Excellence auf dem afrikanischen Kontinent ... 85
Besuch der Bob-o-Link Kaffee-Farmen in Brasilien ... 88
Bob-o-Link:
Wie wir den Kaffee in Brasilien neu zusammengestellt haben ... 90
Bob-o-Link-Kaffee und Microlots. Auf Einkaufs- und Verkostungstour in Brasilien ... 93
Der Run auf Microlots ... 96

Kapitel 4
Von Instantkaffee und anderen Greueltaten 100

Instantkaffee weiter auf dem Vormarsch. Libyen finanziert Kaffee-Fabrik in Uganda 101
Gentech-Kaffee: Wo wird Nestlés patentierter, genmanipulierter Kaffee angebaut (werden)? 103
Bald erster Instantkaffee aus Äthiopien! Ein Grund zur Freude oder zur Trauer? 105
Von mariniertem und gefärbtem Kaffee. Da sag einer, früher sei alles besser gewesen! 108
Kaffee verhilft der Einbildungskraft zu größerer Lebhaftigkeit 109

Kapitel 5
Leben in Kanada und Kaffee verkaufen in Deutschland 113

Wie alles anfing 114
Die neue, dezentrale Organisation von Maskal – fine coffee company 116
WIE es funktioniert 119
WARUM es funktioniert 123
Warum ich mein Geschäft weiterhin in Deutschland betreibe 128
Letzter Teil: DIE WELT ISCH VERRUCKT WORE! 131

Was mir am Herzen liegt 136

Kaisers Kaffee 137

Vorwort

Ob als Muntermacher bei der Arbeit, beim netten Plausch mit Kollegen in der Mittagspause oder bei einem kräftigen Espresso im Italien-Urlaub – Kaffee begleitet den Menschen seit Generationen rund um den Globus. Dennoch ist die Faszination um das Geheimnis der braunen Bohne schier ungebrochen. Ein Kaffeeboom ab Mitte der 90er-Jahre ließ Coffee Shops in den westlichen Industrienationen förmlich aus dem Boden sprießen. Erstmals begann die breite Masse der Konsumenten, sich ernsthaft mit dem Produkt Kaffee und seinen vielfältigen Zubereitungsmöglichkeiten auseinanderzusetzen. Internationale Barista- und Cupping-Wettbewerbe verhalfen dem Kaffee zu einem enormen Imagewandel. Das eingestaubte Bild der 50er-Jahre einer „schwarzen Pleurre“ bei Großmutters Sonntagskuchen wich einem gehypten Lifestyle-Produkt. Kaffee ist nach Erdöl das meistgehandelte Produkt weltweit. Etwa 2 Millionen Tassen Kaffee werden pro Minute auf dem Erdball getrunken.

Bei einer solch medialen Omnipräsenz des Kaffees und einer übergroßen Informationsflut ist es kaum verwunderlich, dass Konsumenten beim Kauf überfordert sind. Padmaschine oder doch Vollautomat? Bohnen oder filterfein? Was sind Bio, UTZ und Fair Trade? Was bedeutet 100 Prozent Arabica?
Das sind nur wenige Beispiele von häufig auftretenden Fragen an der Ladentheke.

Wo viel nachgefragt wird, herrscht oft die Macht der Anbieter. Durch gezielten Einsatz von Marketing und Medien werden dem Konsumenten häufig Qualitätsindikatoren suggeriert und Gerüchte verbreitet, die schlichtweg falsch sind. Über Geschmack lässt sich ja bekanntlich nicht streiten. Über objektive Qualitätskriterien schon.

Ein Geschmackserlebnis ist nie „richtig oder falsch“, sondern immer höchst individuell. Wo der Erste eine nussige Note herausschmeckt, mag ein Zweiter vielleicht einen rauchigen Geschmack empfinden. Und wer sagt eigentlich, ob

„nussig“ positiv oder negativ ist? Der Zustand einer Kaffeeplantage, die Arbeitsbedingungen der Mitarbeiter und die geerntete Qualität lassen sich jedoch sehr klar definieren.

Kein anderer als Dr. Hans Langenbahn ist meiner Meinung nach in der Lage, sich diesem komplexen Thema so detailliert, anschaulich und für jeden verständlich anzunähern. Seine umfangreichen und tiefgehenden Recherchen, seine unzähligen Begegnungen mit Kaffeebauern, Händlern, Brokern und Röstern machen ihn zu einem absoluten Kenner der „Szene“. Seine Blogs und Reiseberichte sind ein Fundus geballtem Wissen. Seine überaus positive Lebenseinstellung und sein feiner Humor sorgen obendrein für reinsten Lesespaß.

Rainer Braun

Geschäftsführer *Kaffee Braun GmbH*

Vom Kaffeemarkt kann ich viel wissen ... Ein Gedicht zum Neujahrsbeginn.

Ein ehemaliger Mitarbeiter des Kaffeeimporteurs List & Beisler schickte mir freundlicherweise nachfolgendes Gedicht zu, das Herr Preibisch, Geschäftsführer des deutschen Kaffeeverbands, beim Neujahrsempfang 2011 vorgetragen hat. Das Gedicht stammt laut einer persönlichen Mitteilung von Herrn Preibisch aus dem Jahr 1936 (!) und ist mit „xyz“ unterzeichnet; der Autor ist also unbekannt. Die Verse bedürfen keinerlei Erläuterungen. Lesen und genießen Sie selbst:

Vom Kaffeemarkt kann ich viel wissen
doch allzuvieles weiss ich nicht.
Ich weiss nur, dass er ist besch...
doch sehr besch... ist er nicht.
Die Ernte wird zwar gross und mächtig,
jedoch zu mächtig wird sie nicht,
das hört sich an als sei's verdächtig,
doch so verdächtig ist es nicht.
Wir sehen wieder höhere Preise,
doch sehr viel höhre sehen wir nicht,
drum decke sich wer klug und weise,
doch allzuvieles kauf er nicht.
Wollt Ihr auf meinen Ratspruch hören,
so kaufet Kaffee oder nicht.
Doch wollt Ihr Euer Geld vermehren,
kauft Kaffee wirklich oder nicht.
Denn aus dem Kaffemarktgewimmel
Wird klug ein Erdenmenschlein nicht,
den Marktlauf kennt nur Gott im Himmel,
doch kennt auch er ihn ... wahrscheinlich nicht.

Kapitel 1

Das Grauen einer Kaffeezubereitung

Eigentlich könnte man glauben, Kaffee sei ein ganz banales Getränk: Kaffeepulver und Wasser in die Filtermaschine, Kaffeebohnen und Wasser in den Vollautomaten, Pads oder Kapseln in die Maschine, Wasser dazu, Knopf drücken, fertig! Warum also ein Tam Tam machen, um immer bessere Methoden der Kaffeezubereitung, neue Maschinen oder bessere Roh- und Röstkaffees. Kaffee ist Kaffee – Punkt. Schwarz soll er sein (zunächst), stark soll er sein (für die einen), schwach soll er sein (für die anderen), wach soll er machen (alle), und ach ja, schmecken soll er ja auch noch – also muss zum Schluss noch Milch rein; und vielleicht etwas Zucker. Richtiger Mahlgrad? Ideale Aufgusstemperatur? Optimale Durchlaufzeit? Das sind Fragen, die sich für die Mehrzahl der Kaffeetrinker und -trinkerinnen, das zeigt die tägliche Erfahrung, überhaupt nicht stellen.

Für eine kleine, langsam wachsende Gruppe an Kaffeeliebhabern hingegen *sind* es Fragen; Fragen, auf die sie beständig und mit großem Enthusiasmus nach Antworten suchen. Bei meinen eigenen Fragen und der Suche nach Antworten sind mir einige der nachfolgenden Artikel aus der Feder, sprich, in die Tastatur geflossen.

Das Grauen einer Kaffeezubereitung

14.10.2009

Es gibt Dinge, die schockieren. Das können ernsthafte, bedrohende Dinge sein, es kann aber auch das Erleben einer Kaffeezubereitung sein. Nicht, dass mich die betreffende Prozedur schockiert hätte – ich war der Zeuge –, es war vielmehr das Entsetzen darüber, dass die Spezialitätenkaffee-Bewegung ganz offensichtlich noch eine sehr geringe Reichweite hat. Der gemeine Kaffeetrinker – um eine solche Person handelte es sich bei der Zubereitung – weiß gerade mal, dass auf irgendeine Art Kaffeepulver und heißes Wasser zusammenkommen müssen. Auf irgendeine Art ... Ich wiederhole: Auf irgendeine Art ... Bestimmt aber nicht auf die nachfolgende.

Also: Ich komme in die Küche. Die Schwester meiner Frau ist zu Besuch, und ich ahne schon nichts Gutes, als ich sie in der Nähe der Kaffeemühle stehen sehe. Es kommt schlimmer: Sie war bereits an der Mühle. Vor ihr stand ein monströser Plastikbecher mit viel Kaffeepulver drin.

Mein Blick schweift umher. Er bleibt am letzten Rest meines Lalitpur-Kaffees aus Nepal hängen. Beim letzten Rest! Wie kam sie an den Kaffee? Es ist die einzige Packung, die ich mir im September von meinem Deutschlandaufenthalt mitbrachte, und aus der ich mir alle paar Tage zwei Tassen zubereite um zu beobachten, wie er sich geschmacklich im Laufe der Zeit verändert. Und nun das: Der letzte Rest ... Sie muss sich schon die Tage zuvor daran vergangen haben. Zu spät ...

„Für wie viele Tassen ist das Pulver“, frage ich vorsichtig. „Für zwei Tassen.“ „Zwei Tassen? Ehm, was für Tassen?“ „Kaffeetassen.“ (Na klar, was sonst.) „Ehm, ich würde sagen, das Pulver reicht für mindestens vier bis fünf Tassen.“ (Kaffeetassen.) Clemence hat große Augen; aber jetzt wurden sie noch größer. Und das Augenpaar blickt auch auf die große Presskanne neben der Mühle. „Wie viel nimmst du?“, fragt sie. „In der Presskanne 10 g auf 180 ml.“ Fragezeichen können sichtbar sein. „Und woher weiß ich, wie viel 10 g sind?“ „Indem man die Bohnen zum Beispiel vorher abwiegt.“ Können Augen sooo groß werden? Sie können ...

Ich nehme meine kleine elektronische Feinwaage: 47,9 g. Ich sollte Kaffeepulver-Mengenschätzer werden. „Und was mache ich jetzt mit dem ganzen Pulver?“ (Gute Frage.) „Fünf Tassen.“ (Gute Antwort.) „Ich trinke eine mit.“ Ein zartes Lächeln.

Ich gebe das Kaffeepulver in die Presskanne. Das Wasser kocht. Ich bin noch gedanklich beim Wasser-Pulver-Verhältnis, Extraktionsverhalten ..., da kann ich in letzter Sekunde verhindern, dass sie das kochend heiße Wasser in die Kanne gießt. Das war knapp. „Aber warum ...?“ „Zu heiß!“ Schon wieder die zwei Vollmonde in ihrem Antlitz. „Das Wasser immer etwas runterkühlen lassen. (Mit Celciusgraden wollte ich sie jetzt nicht belästigen.) Und bei dem Wasser, das du gekocht hast (für zehn Tassen!) kannst Du es ruhig eine Minute bei offenem Deckel stehen lassen.“ Ihre Welt schien nicht mehr in Ordnung zu sein.

In ihre Welt kam noch mehr in Unordnung. „Dreieinhalb Minuten ziehen lassen, dann runterdrücken. Andere Kaffees kannst du länger ziehen lassen, bei anderen reichen sogar drei Minuten; aber bei dem hier sind dreieinhalb Minuten ideal.“ Zum ersten Mal verzog sich ihr Gesicht. „Warum drei ...ein ... halb Minuten?“ „Weil, das hängt mit dem Ex ...trak ..tions...“ Das hatte keinen Sinn. Das sah ich ihrem Gesicht an. „Also, schau mal (und jetzt fiel mir einfach nichts Blöderes ein), eine Schwangerschaft dauert auch 9 Monate, idealerweise, sozusagen (mir kam kein vernünftiger Vergleich in den Sinn). Ich ruf dich, wenn der Kaffee fertig ist.“

Der Kaffee war fertig. Ich kenne den Kaffee inzwischen gut. Aber das hier war etwas anderes. Der schmeckt wie ... (ich hab jetzt genug von schlechten Vergleichen). In einer Stunde reist Clemence sowieso ab. Dann werde ich als Erstes nach der Mühle schauen. Da gibt es ein Rad, an dem kann man den Mahlgrad verstellen ...

Clemence ist kein Einzelfall. Clemence ist der Normalfall. Kaffee ist Kaffee; Kaffeepulver und heißes Wasser müssen zusammenkommen. Egal wie. Irgendwie. Das ist alles. So einfach. Und unsereins zerbricht sich den Kopf über Erntemethoden und Qualitätsgrade, über Aromen und Säuren, über

Tassenwandstärken und Temperaturen. Und: Das ist gut so! Es gibt Leute, die bedanken sich immer wieder bei mir, dass ihr Kaffee jetzt viel besser schmecke als vorher. Vorher, bevor ich ihnen ein paar kleine Tipps gegeben habe. Aber kleine Tipps bedürfen großen Wissens. Deshalb muss unsereins weitermachen …

Ist Ihr Kaffee gut geröstet? Der ultimative Vergleichstest[1]

24.11.2008

Nachdem die von mir entwickelte „Kaffee-Verkostung für zu Hause“ in der letzten Ausgabe des „Crema“-Magazins[2] veröffentlicht wurde (ich habe darüber berichtet), habe ich gehäuft Anfragen zu einem Vergleichstest bekommen, der immer wieder zu Überraschungen und teilweise regelrechtem Entsetzen geführt hat. Ich habe ich mich deshalb entschieden, diesen einfach durchzuführenden, aber sehr aussagekräftigen Kaffee-Vergleichstest hier noch einmal gesondert vorzustellen.

Die Sache ist relativ einfach: Während des Röstens werden Säuren abgebaut, insbesondere die auf Dauer den Magen drangsalierenden Chlorogensäuren. Grob gesagt: Je kürzer oder länger geröstet wird, desto weniger oder mehr Chlorogensäuren werden abgebaut und umso schlechter oder besser verträglich ist ein Kaffee. (Doch Achtung: Diese stark vereinfachte Darstellung soll nicht darüber hinwegtäuschen, dass das Rösten von Kaffee ein äußerst komplexer Vorgang ist!)

Um festzustellen, wie gut ein Kaffee durchgeröstet ist, d. h., ob er z. B. viel oder wenig Chlorogensäuren aufweist, gibt es einen einfachen Vergleichstest. Nehmen Sie dafür einen Kaffee eines Spezialitätenrösters und einen der bekannten Markenkaffees. Bereiten Sie beide Kaffees auf die gewohnte Art und Weise zu. Entscheidend ist, dass Sie dies parallel oder möglichst schnell hintereinander tun, damit beide Kaffees die gleiche Temperatur aufweisen! Trinken Sie nach der Zubereitung von jedem Kaffee ein wenig, und halten Sie eventuell Ihre Wahrnehmungen schriftlich fest.

Lassen Sie nun beide Kaffees über mehrere Stunden abkühlen, und vergleichen Sie danach beide Kaffees noch einmal. Sie werden mit Sicherheit über die jetzt feststellbaren Unterschiede überrascht sein. Die in den beiden Kaffees noch verbliebenen Chlorogensäuren werden nun deutlich zu Tage

---

1 Abschnitt 7 wurde übernommen aus dem Blog-Artikel *„Wie gut ist mein Kaffee und Espresso geröstet? Ein einfacher Test zum Feststellen der Röstqualität“.*

2 www.cremamagazin.de

treten – bei dem einen mehr, bei dem anderen weniger!

Der Grund für den Unterschied liegt ausschließlich in den verschieden langen Röstzeiten (und damit verschiedenen Rösttemperaturen), durch die ein unterschiedlich starker Abbau der Chlorogensäuren bewirkt wird. Beim Trinken des heißen Kaffees direkt nach der Zubereitung werden die Rezeptoren auf der Zunge durch die hohe Temperatur regelrecht „betäubt", weshalb geschmackliche Unterschiede nur bedingt wahrnehmbar sind. Erst beim abgekühlten Kaffee sind unsere Rezeptoren quasi „voll funktionsfähig", sodass alle Unterschiede jetzt viel deutlicher wahrgenommen werden können. Dies hat unter anderem zur Folge, dass der hohe Gehalt an Chlorogensäuren bei einem äußerst kurz, sagen wir unter bzw. deutlich unter acht Minuten gerösteten Kaffee sehr intensiv ist und sich aus meiner Sicht geschmacklich stark negativ auswirkt.

Sollten Sie bei dem Test nicht gemahlenen Kaffee, sondern ganze Bohnen verwendet haben, so gibt es eine weitere Möglichkeit festzustellen, wie gut Ihr Kaffee geröstet ist. Legen Sie hierzu eine Handvoll Bohnen der beiden oben erwähnten Kaffees bei gleichen Lichtverhältnissen nebeneinander. Nehmen Sie dann von jedem Kaffee eine weitere Handvoll, mahlen ihn möglichst fein, geben das Pulver jeweils auf einen kleinen Teller und stellen ihn zu dem entsprechenden, ungemahlenen Kaffee.

Sie werden möglicherweise feststellen, dass sich das Farbbild des Pulvers gegenüber dem der Bohnen teilweise verändert hat: Beim gut durchgerösteten Kaffee sollte das Pulver dieselbe Farbe haben wie die Bohnen – die Hitze ist vollständig in die Bohnen eingedrungen. Beim kurzzeitgerösteten Kaffee hingegen ist die Wahrscheinlichkeit hoch, dass das Pulver heller ist als die Bohnen – ein Indiz dafür, dass die Bohnen durch die hohe Hitze zwar außen braun wurden, bedingt durch die kurze Röstzeit die Hitze aber nicht vollständig in die Bohnen eingedrungen ist; die Bohnen sind unvollständig geröstet und mit Säuren überladet!

Was die Qualität und das geschmackliche Potenzial der verwendeten *Rohkaffees* bei einem Marken- oder Spezialitätenkaffee betrifft, steht auf einem ganz anderen Blatt– was nicht zwangsläufig heißen muss, dass Großröster ausschließlich billige Rohkaffees kaufen. Im Laufe der Jahre hatte ich Gelegenheit, Rohkaffees einiger Großröstereien verkosten zu können. Verblüffend war, dass einige der Rohkaffees gar nicht schlecht, ja teilweise gut waren. Doch der harte Wettbewerb hat die Unternehmen zu immer kürzeren Röstzeiten getrieben, mit dem Ergebnis, dass viele der in den Handel kommenden Kaffees zwangsläufig übersäuert sind. Spezialitätenröster hingegen leisten sich längere Röstzeiten. Geschmackszentrum und Magen wissen das zu danken.

Doch Achtung: Geschmack ist wandelbar und in hohem Maße Ergebnis von Gewöhnung. Und genau deshalb ist es wichtig, sich an möglichst viele gute Kaffees zu gewöhnen.

Warum jeder Kaffeeliebhaber lernen sollte, einen Kaffee zu verkosten

27.0.2008

Ich habe es an anderer Stelle in diesem Kaffee-Blog („Was ist so hip an einem Inuit-Flip?“) bereits erwähnt: Viele gute Kaffees und Espressi sind Opfer schlechter Zubereitung, falsch eingestellter Vollautomaten, von fehlendem Know-how beim Handling von Siebträgermaschinen und vielem mehr. Vorschnell wird das Urteil gefällt, ein Kaffee oder Espresso sei schlecht, selbst wenn der Kaffee an Qualität kaum mehr zu überbieten ist. Auf der anderen Seite habe ich es oft schon erlebt, dass qualitativ eher minderwertige Kaffees und Espressi bei individuellen Beurteilungen erstaunlich gut abschneiden.

So dauert es, um ein kleines Beispiel zu geben, auch bei mir nach einer Rückkehr aus Äthiopien immer einige Tage, bis ich mich wieder an meine eigenen äthiopischen Kaffees zu Hause gewöhnt habe. Die ersten Tage mögen sie mir überhaupt nicht schmecken, weil meine Geschmacksnerven von den in Äthiopien holzkohleähnlich gerösteten Kaffees regelrecht „plattgemacht“ worden sind. Von Kundenanfragen, um ein anderes Beispiel zu geben, weiß ich, dass das im Urlaub in der Karibik oder auf den Kapverden gewonnene Geschmackserlebnis ganz stark mit der Urlaubssituation zusammenhängt und sich zu Hause im trauten, von Palmen und Stränden verlassenen Heim nicht mehr wiederholen lässt.

Kaffee ist also ein kompliziertes Produkt. Kaffee und Espresso sind eben keine fertigen Produkte, bei denen man nur die Flasche oder den Tetra Pak aufzumachen braucht, den Mund öffnet ... und das war’s. Der Wein, dieses komplexe, sensible Getränk, hat es da deutlich einfacher als der Kaffee, auch wenn es, will man einen guten Wein richtig genießen, allerlei bezüglich Lagerung, Temperatur etc. zu beachten gilt.

Wie kann nun jemand, der einen neuen, vielleicht mal einen etwas teureren, ausgefallenen Kaffee oder Espresso probieren möchte, dessen geschmackliche Qualität beurteilen – und zwar vor der gewohnten, vielleicht fehlerhaften Zubereitung? Ich lese mich in unregelmäßigen Abständen durch diverse

Kaffee-Foren und stoße dort immer wieder auf einen Wirrwarr aus Begriffen wie „verkosten", „verköstigen", „probieren", ohne dass dabei klar würde, wovon im einzelnen Fall genau die Rede ist.

Die aufgrund einer solchen „Verköstigung" oder eines solchen „Probierens" gefällten Urteile unterliegen meines Erachtens deshalb einer Willkür und Nicht-Vergleichbarkeit, haben also keine Aussagkraft. Umso wichtiger ist es, ein Instrument zur Hand zu haben, das die Willkür limitiert und einen Vergleich möglich macht.

Ich habe deshalb, abgeleitet von der professionellen Kaffee-Verkostung, wie sie in jeweils leichten Abwandlungen durchgeführt wird an Coffee-Boards, bei Exporteuren und Importeuren, bei (einer eher kleineren Zahl an) Kafferöstern oder bei Wettbewerben wie dem Cup of Excellence[1] oder dem Taste of Harvest der Eastern African Fine Coffees Association (EAFCA)[2], eine vereinfachte Form der Verkostung für zu Hause entwickelt. Diese Verkostungen folgen überall einem gleichen Grundmuster und führen zu vergleichbaren Resultaten, auch wenn ich aus meiner Verkostungserfahrung heraus deutlich darauf hinweisen muss, dass auch bei den professionellen Verkostern geschmackliche Vorprägungen und Vorlieben eine 100-prozentige Objektivität verhindern. Aber: Man kennt sich in der Szene, und wenn Verkoster X einen Kaffee bewertet, weiß in der Regel Verkoster Y das Verkostungsresultat entsprechend zu interpretieren!

Um nun das ausgeklügelte Verkostungsinstrument, das in seiner sinnvollen Anwendung viel sensorische Erfahrung voraussetzt, für den häuslichen Gebrauch mit handelsüblichen Kaffees anwendbar zu machen, habe ich den Ablauf einer Verkostung auf die wesentlichen Bausteine reduziert. Es geht dabei, wie erwähnt, nicht wie bei der professionellen Verkostung um die Beurteilung von Rohkaffees, sondern um die von fertig gerösteten, handelsüblichen Kaffees.

---

1 www.cupofexcellence.org

2 Anm.: Die Eastern African Fine Coffees Association (EAFCA) hat sich 2012 zur African Fine Coffee Association (AFCA) umbenannt.

Eine vereinfachte Kaffeeverkostung[3]

Bei der von uns empfohlenen vereinfachten Verkostung kommt es nicht darauf an, sich in sensorisch schwer wahrnehmbaren Details zu verlieren, sondern zu versuchen, die auffälligen, dominierenden, Charaktereigenschaften eines Kaffees herauszufinden und ihren normal zubereiteten Kaffee mit diesen zu vergleichen.

Unterschiede zur professionellen Verkostung

Der Unterschied gegenüber der professionellen Verkostung liegt darin, dass Sie zum einen nicht mehrere Tassen des gleichen Kaffees untereinander vergleichen, um irgendwelche Defekte in der ein oder anderen Tasse zu finden, und dass Sie zum anderen keinen Rohkaffee bewerten, sondern einen fertig gerösteten Kaffee, bei dem Sie keinen Einfluss auf den Röstvorgang haben und der deutlich weniger Säure aufweist (sofern es sich um einen gut durchgerösteten Kaffee handelt) als der reine Verkostungskaffee. Aber das macht letztlich auch gar nichts, denn Ziel für Sie ist es ja, den von Ihnen im Geschäft oder bei einem Röster erworbenen Kaffee zu bewerten und die Zubereitung ggf. zu optimieren. Das sind methodisch gesehen auch schon die einzigen Unterschiede zur professionellen Verkostung. Ansonsten ist der Ablauf genau derselbe.

Worauf es ankommt

Was die sensorische Wahrnehmung betrifft, so sollten Sie keine übertriebenen Ansprüche an sich selbst stellen. Um Defekte wie muffig, schimmelig, erdig, fermentiert etc. (die in Ihrem Röstkaffee sowieso nicht mehr auftreten sollten) oder positive Eigenschaften wie blumig, weinig, beerig, zitrusfruchtig und mit leichter Schokolade im Abgang etc. in Aroma und Geschmack wahrzunehmen, bedarf es einer sehr geübten Zunge und Nase. Außerdem ist Ihr Kaffee, wie gesagt, nicht speziell für eine Verkostung, sondern für den Konsum geröstet, und bei Röstzeiten von 8 bis 10 Minuten oder mehr wird durch den Abbau der Säuren die Wahrnehmung solcher

3 Dieser Teil, auf den im Blog-Artikel verlinkt ist, wurde der Maskal-Website entnommen und hier zur Vervollständigung eingefügt. Auf der Maskal-Seite finden Sie bei Kaffee-Infos unter „Kaffee verkosten“ auch eine Fotostrecke zu den einzelnen Schritten der Verkostung.

Eigenschaften zunehmend schwierig bis unmöglich. Entscheidend für Sie ist herauszufinden, hier wiederhole ich mich gerne, wie Ihr fertig gerösteter Kaffee optimal schmecken kann und wie es demgegenüber bei der von Ihnen bevorzugten Zubereitungsart der Fall ist.

Was Sie brauchen
Für die Kaffeeverkostung benötigen Sie:

- Die zu verkostenden Kaffees
- 1 Kaffeemühle (sofern der Kaffee nicht bereits gemahlen ist)
- je Tasse 7 bzw. 14 g Kaffeepulver
  (Anm.: ein „Lot“, d. h. Ein Standardmesslöffel für Kaffee, fasst 7 g)
- Für jeden Kaffee 1 Tasse (200 ml für 7 g Pulver, 350 ml für 14 g Pulver)
- 1 Esslöffel
- 1 Tasse mit lauwarmem Wasser zum Reinigen des Löffels
- 1 Glas kaltes Wasser zum Ausspülen des Mundes
- Wasser zum Aufkochen
- Ein Spucknapf
- Eine Tabelle zum Eintragen der Ergebnisse

Ein Kaffee zum Vergleichen
Bevor Sie mit der Verkostung beginnen, sollten Sie für eine ausreichende Arbeitsfläche sorgen. Des Weiteren brauchen Sie neben dem Kaffee, den Sie beurteilen möchten, mindestens noch einen weiteren, denn die Beurteilung eines Kaffees kann nur im Vergleich mit anderen erfolgen. Sie können natürlich so viele Kaffees verkosten und miteinander vergleichen, wie Sie möchten; nur ein einziger Kaffee alleine macht keinen Sinn.

Die Tassen
Stellen Sie für jeden Kaffee eine große Tasse (ca. 200 bzw. 350 ml) auf den Tisch und die entsprechende Kaffeetüte dahinter, um jegliche Verwechselung von vornherein auszuschließen. Stellen Sie eine weitere Tasse hinzu. Diese füllen Sie später zur Reinigung des Verkostungslöffels mit dem heißen Brühwasser.

Der Mahlgrad
Mahlen Sie nun nacheinander jeden Kaffee recht grob und geben Sie davon 7 g (bei 200-ml-Tasse) oder 14 g (bei 350-ml-Tasse) in die jeweils zugehörige Tasse. Besitzen Sie keine Mühle, so verwenden Sie fertig gemahlenes, aber wie gesagt, möglichst grob gemahlenes Kaffeepulver. Bei Verwendung von bereits gemahlenem Kaffee müssen Sie bei Aroma und Geschmack natürlich deutliche Abstriche gegenüber einem frisch gemahlenen Kaffee machen!

(Anm.: Das Wasser-Kaffeepulver-Verhältnis kann durchaus variieren. Wir selbst bevorzugen das oben vorgeschlagene Verhältnis.)

Der Duft des Pulvers
Nehmen Sie nun die erste Tasse in die Hand, rütteln Sie das Pulver ein wenig, und riechen Sie daran. Machen Sie das ebenfalls mit allen anderen Tassen. Wiederholen Sie den Vorgang so häufig, bis Sie meinen, Unterschiede riechen zu können.

Versuchen für jeden Kaffee den Duft mit ein, zwei Worten in einer zuvor angefertigten Tabelle zu beschreiben. Geben Sie der betreffenden Spalte den Namen „Duft des Pulvers“. Es genügt durchaus, wenn Sie Begriffe wie stark, intensiv, schwach notieren, vielleicht können Sie aber auch Eigenschaften wie süß, blumig, schokoladig, fruchtig etc. wahrnehmen.

Die Wassertemperatur
Kochen Sie Wasser auf und lassen es nach dem Kochen ca. 1 Minute lang stehen, damit es die für die Kaffeezubereitung ideale Temperatur von 92 bis 96 Grad Celsius erreicht.

Der Aufguss
Hat das Wasser seine Idealtemperatur erreicht, so gießen Sie die Tassen halb auf. Rühren Sie jeden Kaffee mit einem Löffel mehrmals um, sodass das Pulver mehr oder weniger zu Boden sinkt, und gießen Sie rasch so viel Wasser nach, bis jede Tasse knapp randvoll ist.

Stellen Sie rechts neben einen der zu bewertenden Kaffee eine Tasse deselben Kaffees, jetzt allerdings so zubereitet, wie Sie all Ihre Kaffees zu Hause üblicherweise zubereiten, gleichgültig ob per Aufguss, Filtermaschine,

Bodum-Kanne oder im Vollautomat.

Schöpfen Sie nun mit dem Löffel den auf der Oberfläche der Kaffees schwimmenden weißen Schaum vorsichtig ab, ohne dass das Kaffeewasser in Bewegung gerät.

Danach lassen Sie die Kaffees ca. 1 bis 2 Minuten stehen, damit der Kaffee ziehen und abkühlen kann.

Das Aroma
Neigen Sie sich jetzt so weit als möglich zu jeder einzelnen Tasse hin, und riechen Sie das ausdampfende Aroma. Tauchen Sie nun zur intensiveren Wahrnehmung den Löffel leicht in die Oberfläche, bewegen ihn vorsichtig zum Körper hin, wiederholen den Vorgang mehrmals und riechen Sie, tief über die Tasse gebeugt, das ausströmende Aroma.

Man nennt diesen Vorgang das „Aufbrechen des Kaffees". Notieren Sie das, was Sie jeweils riechen, in der angelegten Tabelle in der Spalte „Aroma" oder „Duft des Kaffees". Der Duft kann als Teil des Gesamt-Aromas gesehen und gewertet werden.

Das „Schlürfen"
Haben die Kaffees eine angenehme Trinktemperatur erreicht, kann es mit dem Verkosten losgehen. Nehmen Sie hierzu einen ganz normalen Esslöffel und füllen ihn ca. dreiviertel mit dem Kaffee in der Tasse. Führen Sie nun den Löffel zum Mund und versuchen Sie, den Kaffee ruckartig so in den Mund zu ziehen, dass die ganze Zunge bedeckt wird. Ganz wichtig: Lassen Sie dabei den Mund leicht geöffnet, damit gleichzeitig Luft mit eingesogen werden kann. Dieses „Schlürfen" oder „Sippen" ist eine Übungssache, und wenn Sie schon nach kurzer Zeit ein lautes Zischen, ein „ssssssssp" dabei erzeugen, dann sind Sie – ganz ehrlich – ein Naturtalent. Beginnen Sie mit dem Schlürfen am besten am linken Ende Ihrer Tassenreihe, und testen Sie Tasse für Tasse bis zum rechten Ende hin durch.

Anm.: Ich habe schon mit vielen Verkostern zusammengearbeitet, und jeder, wirklich jeder, hat seine ganz eigene Technik beim Einziehen des Kaffees und der sensorischen Wahrnehmung im Mund entwickelt. Mein Rat: Legen Sie einfach alle Hemmungen ab – der Tisch lässt sich abwischen, der Boden aufputzen und das Hemd wieder waschen. Üben Sie einfach so lange, bis der Kaffee ohne Kraftanstrengung und so schnell als möglich vom Löffel weg und in den Mund hinein verschwindet.

Ob Sie den Kaffee nur 1 oder 2 Sekunden im Mund lassen, oder ihn langsam von einem Winkel zum anderen rollen, auch hier sind der Entwicklung einer individuellen Technik kaum Grenzen gesetzt. Versuchen Sie einfach herauszufinden, bei welcher Verweildauer und bei welchem Zusammenspiel von Zunge, Gaumen und Wangen Sie die beste sensorische Wahrnehmung haben. Eines sollten Sie aber auf keinen Fall machen: den Kaffee schlucken! Spucken Sie jeden Kaffee wieder aus, in eine kleine Schüssel, eine große Tasse oder was immer Sie gerne als „Spucknapf" benutzen mögen.

Beginnen Sie, wie erwähnt, bei der linken Tasse Ihrer zur Verkostung aufgereihten Kaffees. Schlürfen Sie, konzentrieren Sie sich ganz auf das, was Sie wahrnehmen, spucken Sie den Kaffee wieder aus. Gehen Sie zur nächsten Tasse, machen Sie das Gleiche. Gehen Sie zurück zur ersten Tasse, wiederholen Sie den Vorgang, und vergleichen Sie die beiden Tassen. Gehen Sie nun zur dritten Tasse, danach wieder zur ersten und/oder zur zweiten etc.

Machen Sie nach dem ersten Durchgang eine Pause von 1 bis 2 Minuten, reinigen Sie den Löffel in der Tasse mit klarem Wasser, spülen Sie Ihren Mund mit Wasser aus und wiederholen Sie den ganzen Vorgang. Sie werden mit großer Wahrscheinlichkeit feststellen, dass Ihre Wahrnehmung jetzt intensiver ist, Ihre Sensorik, vereinfacht gesagt, aktiviert ist. Notieren Sie in Ihre Tabelle alles, was Ihnen bei jedem einzelnen Kaffee auffällt.

Nach zwei oder drei „Schlürf"-Durchgängen machen Sie bitte eine Pause von ca. 10 Minuten und wiederholen den gesamten Vorgang noch einmal. Sie werden jetzt wahrscheinlich mehr Nuancen feststellen können als im ersten Durchgang. Dies hängt zum einen mit einem gewissen Lerneffekt zusammen, zum anderen aber mit der Tatsache, dass die Nervenzellen bei abgekühlten Getränken eine höhere Wahrnehmung haben als bei warmen oder heißen. Notieren Sie sich erneut, was Ihnen bei jedem einzelnen Kaffee auffällt.

Worauf gilt es zu achten?
Aber was kann Ihnen auffallen? Worauf gilt es im Einzelnen zu achten?

Im Wesentlichen sind dies die fünf Faktoren Aroma, Säure, Körper, Abgang (Nachgeschmack) sowie Geschmack als Gesamteindruck, zu denen Sie auf der Maskal-Website auf den betreffenden Seiten von „Der perfekte Kaffee“[1] ausführliche Beschreibungen finden.

Versuchen Sie, jeden einzelnen Faktor wahrzunehmen und ihn für jeden Kaffee in ein, zwei Worten zu beschreiben – immer relativ gesehen zu den anderen Kaffees der Testreihe. Da es für Sie zu Hause unmöglich ist, sich an festgelegten, also absoluten Kriterien für die einzelnen Faktoren zu orientieren, müssen Sie die Kaffees immer untereinander, also relativ gesehen bewerten. Sie können natürlich auch einen Kaffee Ihrer Wahl als Standard festlegen und alle anderen Kaffees im Vergleich zu diesem Standard-Kaffee bewerten.

Haben Sie die Verkostung abgeschlossen und die Einträge in Ihrer Tabelle miteinander verglichen, dann wissen Sie, und da können Sie sich ganz sicher sein, schon eine ganze Menge mehr über Kaffee.

1 http://maskal.de/kaffee/zubereitung

Anmerkungen zum Blogpost „Kaffee-Globalisierung gleich Geschmacks-Desaster?"

29.11.2009
Vor etwa 2 Wochen las ich im Blog „wedrinkcoffee"[1] einen interessanten Beitrag zu einem wichtigen Kaffee-Thema. Ich setzte mich an die Tastatur und begann, einen Kommentar zu schreiben. Dieser wurde länger und länger, sodass ich mich entschloss, einen eigenen Beitrag als Antwort auf den Artikel „Kaffee-Globalisierung = Geschmacks-Desaster?" zu schreiben.

Vieles, was in dem Beitrag zur „Kaffee-Globalisierung = Geschmack-Desaster" gesagt wird, kann man im Großen und Ganzen so stehen lassen, auch wenn es sich gezwungenermaßen um eine sehr komprimierte und allgemeine Darstellung verschiedener Zusammenhänge handelt.

Es gibt aber Passagen, denen ich einige Argumente entgegensetzen möchte. Stellvertretend greife ich drei Passagen heraus:

Ernten von Hand versus Ernten mit Maschinen
Passage 1.

„Immer weniger Kaffeebauern ernten von Hand, sondern sind auf mechanisierte Erntemethoden umgestiegen, weil diese Zeit und Kosten sparen. Bei diesen Methoden werden die Äste der Kaffeebäume komplett abgestreift (der Fachbegriff ist‚Stripping'), und alle Bohnen, egal in welchem Reifestadium sie sich befinden, werden geerntet. Das heißt, reife und unreife, schwarze und faulende Kaffeekirschen landen in den Säcken, die an die Kaffeeröster geliefert werden."

Gegenargument 1: Für kaum einen Kaffeebauern macht es Sinn, auf mechanisierte Erntemethoden umzusteigen; dafür sind die Anbauflächen in der Regel viel zu klein (weshalb ein Umstieg unrentabel ist) und/oder zu steil, zu hügelig, teilweise bewaldet oder mit Schattenbäumen durchsetzt. Außerdem hat der Bauer in aller Regel das Geld für den Kauf des notwendigen Maschinenarsenals nicht, um nur einige wenige Aspekte zu

---

1 www.blackpiratecoffeecrew.de/blog/2009/11/kaffee-globalisierung-geschmacks-desaster

nennen. Mechanisierung macht aus arbeitstechnischen und Investitionsgründen nur auf großen Plantagen Sinn – und die gehören in aller Regel nicht (Klein-)Bauern, sondern betuchten Grundbesitzern bzw. in Ländern, in denen der Boden Staatseigentum ist, Pächtern, die mit dem notwendigen Kapital ausgestattet sind; Plantagen sind, wie in Äthiopien, bisweilen aber auch Staatseigentum oder, was sich zunehmender Beliebtheit erfreut, Objekte der Begierde von (oft ausländischen) Investoren.

Ein in vielen Anbauländern zunehmendes Problem für die Kaffeepflanzer ist der Mangel an Lohnarbeitern, speziell während der Erntezeit. Landflucht und/oder andere attraktivere Einnahmequellen für Lohnarbeiter zwingen in Anbauregionen, die, wie z. B. an vielen Stellen in Brasilien den Einsatz von Erntemaschinen erlauben, zumindest die etwas wohlhabenderen Bauern sich Erntemaschinen zu kaufen – alleine oder im Verbund mit anderen Farmern. Ohne Maschinen wäre für solche Farmer eine Ernte und damit eine Existenz als Kaffeepflanzer nicht mehr möglich – es sei denn, sie zahlen wie inzwischen vielfach und in vielen Ländern praktiziert den zwei- oder dreifachen (Mindest-)Lohn; dies schmälert das Einkommen deutlich und stellt den Sinn des Kaffeebaus für viele infrage.

Gegenargument 2: Dass nur Maschinen „strippen" kommt einer Idealisierung des (klein-)bäuerlichen Erntens von Hand gleich. Rund um den Globus ist bei den Kaffeebauern das Strippen die weitaus beliebteste Erntemethode (weil es am schnellsten geht), danach kommt das Auflesen abgefallener, in der Regel überreifer Kirschen vom Boden. Dass Bauern nur rote reife Kirschen in aufwendiger Handarbeit ernten, ist eine sehr junge, wenig verbreitete Erscheinung und beschränkt sich auf einige wenige Spezialitätenkaffees und ist weit mehr ein Vermarktungsmärchen denn Realität. Da im Regelfall die Bauern, wie erwähnt, oft die vom Boden aufgelesenen Kirschen unter die von den Ästen „gestrippten" mischen, ist das Ernteergebnis qualitativ oft sogar schlechter als das der Erntemaschinen! Wir sollten die Romantik-Brille absetzen, die Augen öffnen und uns die Realitäten anschauen! Romantik (und der Glaube daran) ist zwar schön, aber selbst durch ihre unentwegte Wiederholung ändert man nichts an den Tatsachen.

Gegenargument 3: Was schließlich in den Säcken für die Röster landet, ist nicht das, was *geerntet* wird, sondern das, was nach den verschiedenen Verarbeitungsstufen und ggf. nach den Export-Qualitätskontrollen in die Säcke gefüllt wird. Und je nach Verarbeitungstechniken, -standards und Qualitätsgraden kommt es dabei zu sehr großen Differenzen bei ein- und demselben Erntegut!

Was ist in einer Kaffeemischung?
Passage 2 aus „Kaffee-Globalisierung = Geschmacks-Desaster?“:

„Wer also ganz sicher gehen will, guten Kaffee zu kaufen, sollte sich vor allem bei den zahlreichen Kleinröstern der Republik umsehen. Hier wird nach wie vor Wert auf hohe Qualität und Geschmack gelegt und man erhält Auskunft darüber, was genau sich in den Kaffeemischungen befindet.“

Gegenargument: Für „single origins“ stimmt das im Prinzip, bei Mischungen achtet aber auch so mancher Spezialitätenröster darauf, dass das Geheimnis z. B. seiner „Hausmischung“ im Hause bleibt. Neben Röstern, die zumindest die Herkunftsländer bei ihren Mischungen angeben (was allerdings von geringer Aussagekraft ist), gibt es seit wenigen Jahren jedoch zunehmend jüngere Spezialitätenröster, die Wert darauf legen, die Herkunft all ihrer verwendeten Kaffees zu nennen. Dieser Trend steht in direktem Zusammenhang mit der deutlichen Zunahme der Direktimporte.

Ob nun aber geheim gehalten oder offen kommuniziert: Nicht immer erhalten die Röster von ihren Importeuren ausreichend präzise Informationen darüber, was genau in den an sie verkauften Säcken ist. Aber selbst die Importeure wissen nicht immer, was ihnen die Exporteure „untergejubelt“ haben. Diesbezüglich habe ich viele Erfahrungen speziell in Äthiopien sammeln können, wo das „quer durch das Land mischen“ zur allgemein üblichen Praxis gehört. Die im Jahr 2008 neu eingerichtete Ethiopia Commodity Exchange (ECX) versucht dies zwar zu unterbinden, aber ob das von Erfolg gekrönt sein wird? Ich setze mal ein vorsichtiges Fragezeichen ... Und was ich im Jemen gesehen und erfahren habe ...! Da wird nicht nur quer durch das Land gemischt, da wird die halbe Kaffeewelt quer durchs Land gemischt! Und wer erst mal nach Indonesien blickt ...

Was ich damit sagen will: Was nützt es beispielsweise, wenn ein Röster sagt, sein „Sumatra“ sei von der und der Gayo-Kooperative in Aceh, wenn der Exporteur, mit oder ohne Wissen des Importeurs, Kaffees von Batak-Bauern vom weit entfernten Toba-See untergemischt hat? Und in Äthiopien wirft die ECX Kaffee vom hoch im Norden liegenden Tana-See mit den ganz am anderen Ende des Landes produzierten Süd-Omo-Kaffees zu einem Brand zusammen – ganz offiziell, ganz legal. Was nutzen den Röstern da noch Herkunftsangaben für einzelne Kaffees bzw. den Konsumenten, welche Herkünfte die Kaffees in einer Mischung haben?

Wo „Gourmet“ draufsteht ist (nicht immer?) Gourmet drin
Passage 3:

„Die großen Kaffeeröster reagieren und platzieren ein ‚Gourmet‘ vor ihre herkömmlichen Markennamen. Doch das ist leider meist schon alles. Denn wo Gourmet draufsteht, muss nicht unbedingt Gourmet drin sein ... So werden bei den sogenannten Gourmet-Mischungen meist nur ein geringer Teil hochwertigerer Bohnen mit den herkömmlichen Standard-Bohnen minderer Qualität vermischt.“

Gegenargument: Mit solchen gern geäußerten Behauptungen wäre ich durchaus vorsichtig, es sei denn, der Autor der zitierten Zeilen weiß genau, aus welchen Qualitäten die Mischungen der bekannten Marken tatsächlich zusammengestellt werden. Ich erinnere mich gerne an mein Erstaunen, als ich vor Jahren Gelegenheit hatte, die Rohkaffees für die Mischungen eines bekannten deutschen Discounters zu verkosten. Die Rohkaffees waren zwar keine „Brecher“, aber durch die Bank schön und sauber, alles Arabica-Bohnen. Warum der geröstete Kaffee, den ich mir dann später im Laden des besagten Discounters erstand, gegenüber dem Rohkaffee geschmacklich deutlich schlechter abschnitt als der Rohkaffee, war nicht der Umstand, dass minderwertige Bohnen untergemischt wurden (was auch definitiv nicht der Fall war), sondern – ich bin in der Formulierung vorsichtig – dass es das spezifische Röstverfahren ist, das die im Kaffee vorhandene Chlorogensäure

„voll zu Bauche schlagen“ lässt und die geschmackliche Entfaltung der Kaffees verhindert.

Wer vom schlechten Geschmack oder schlechter Qualität (was immer das genau sein mag) eines Kaffees spricht, der sollte zuerst nach den Ursachen hierfür forschen. Und diese Ursachen können vielfältiger Natur sein – was die Sache nicht gerade vereinfacht. Deshalb noch einmal: Auch wenn noch so viele der von den Spezialitätenröstern ungeliebten (Groß-)Röster noch so viele ihrer Kaffees zum „Gourmet“-Kaffee erklären: Vorsicht mit pauschalen Behauptungen! So viel Fairness muss sein!

Brasilien – No(r)way-Kaffee aus der AeroPress. Zu Besuch bei Isabela Raposeiras, São Paulo

17.09.2010
So, da sitzen wir nun: São Paulo, Rua Con. Eugenio Leit, Nr. 1121. Hinter einer großen Frontscheibe das kleine, liebevoll ausgestattete Isabela Raposeiras Coffee Lab. Anders als die geschäftige Millionen-Metropole ist das Coffee Lab ein Ort der Ruhe; und ein Ort der guten Düfte: der Kaffeedüfte. Geradezu salbungsvoll treten diese aus einer nagelneuen 12-kg-Diedrich-Röstmaschine. Alles ist blitzblank sauber. Die drei Angestellten kennen jeden Handgriff. Geröstet wird ständig, geredet eher selten. Selbst die Chefin bewegt sich scheinbar mühe- und schwerelos durch die schmalen Räume zwischen Röstmaschine, Mühlen, Kartons und all dem Equipment, das ein Röster sein Eigen nennen muss. Alles spricht für eine gute Organisation. Spricht alles auch für einen guten Kaffee?

Wir schreiben den 12. August 2010. Zum ersten Mal bin ich in Brasilien. Ich reise zusammen mit zwei alten Weggefährten: dem Koch, Restaurant- und Café-Manager Michael Sopper[1] und Rainer Braun, Gründer und Geschäftsführer von Kaffee Braun[2]. Mit von der Partie ist Rainers Frau Barbara. Ziel unserer Reise ist der Besuch der Fazenda Ambiental Fortaleza und benachbarter Fazendas, die alle zum von Maskal vertriebenen Bob-o-Link-Kaffee[3] beitragen und die gleichzeitig begonnen haben, kleine Lots an Spitzenkaffees zu erzeugen. Wichtig es für uns auch, möglichst viele Kaffees dieser in Brasilien noch recht jungen Qualitätsbewegung zu verkosten.

Über die einzelnen Etappen der Reise werde ich in späteren Blogposts berichten.[4] In meinem ersten Bericht stehen alleine unsere Begegnung mit

---

1 http://kaffee-blog.maskal.de/rezepte-kaffee/michaels-zauber-kuche/aus-michaels-zauberkuche-ein-unschlagbares-kaffee-dinner

2 www.kaffee-braun.de

3 http://maskal.de/kaffee-shop/Kaffee/Schuemli-Kaffee-Bob-O-Link-Brasilien::30.html

4 Siehe Kapitel 3: „Besuch der Bob-o-Link-Kaffee-Farmen in Brasilien" und „Bob-o-Link: Wie wir den Kaffee neu zusammengestellt haben"

Isabela Raposeiras, vielleicht die bekannteste Bariste und Spezialitätenrösterin Brasiliens, und ihre in der AeroPress zubereiteten Spezialitätenkaffees im Blickfeld. Und hier, gleich auf der ersten Station unserer Kaffeetour, erleben wir eine Überraschung!

Um es gleich vorwegzunehmen: Alle präsentierten Kaffees erwiesen sich *für uns* als untrinkbar! Isabela verwendete von ihr ausgewählte Spezialitätenkaffees aus dem Grenzgebiet der Bundesstaaten São Paulo und Minas Gerais, genauer, aus den Gebieten Mogiana im nördlichen São Paulo und Sul de Minas im Süden von Minas Gerais. Das sollte also eher für positive Überraschungen sorgen – dachten wir.

Bei der Zubereitung mit der AeroPress ging sie wie in allen Dingen sehr akkurat vor: 20 g Kaffeepulver in die invers aufgestellte AeroPress, randvoll aufgefüllt mit auf 92 Grad abgekühltem Wasser, 10 Sekunden umgerührt, die AeroPress umgedreht und in 25 Sekunden durchgedrückt. Isabela ist als Distributer für die AeroPress in Brasilien inzwischen so geübt, dass sie beidhändig arbeiten, d. h. zwei AeroPressen gleichzeitig und in gleicher Geschwindigkeit durchdrücken kann.

An der Zubereitung mit der AeroPress hat es denn auch nicht gelegen, dass wir mit den Kaffees so sehr haderten. Auch nicht an den vereinzelt etwas unsauber aufbereiteten Rohkaffees. Es war viel mehr *die Röstung*, die uns zu schaffen machte! Die Kaffees waren sehr leicht geröstet, was zur Folge hatte, dass bei der Zubereitung die noch stark vorhandenen Säuren voll durchstachen. Extrem war dies vor allem bei den Espressi. Reine „Säuredrinks"! Kaum Fülle, und nicht verwandt mit dem, was gemeinhin an einen Espresso erinnert – selbst wenn er in der AeroPress zubereitet wird und eigentlich nicht als echter Espresso bezeichnet werden sollte.

Aber was, so müssen wir uns fragen, macht einen „(guten) Kaffee" oder einen „echten Espresso" aus? Da hierüber vielerorts tagein tagaus geschrieben und diskutiert wird, will ich es kurz machen: Es sind letztlich *Geschmacksbilder*, die entstehen oder geschaffen werden und die sich mehr oder weniger schnell über kleinere oder größere regionale Gebiete ausbreiten. Das betrifft nicht nur Kaffee, das betrifft alle Konsumgüter. Modeerscheinungen. Zeitgeist. Und das nicht erst, seitdem die globale Werbemaschine in Bewegung ist.

Aber Moden, Zeitgeist und Geschmack ändern sich ständig – ob man dies mag oder nicht. Peet's hat einst in den USA mit seiner extremen Dunkelröstung einen Stein ins Rollen gebracht, der durch Starbucks schließlich zur Lawine wurde. In Deutschland wurde, wie selbst die Stiftung Warentest im letzten Jahr festhielt, von den Großröstern ein Einheitsgeschmack geschaffen, an dem mit Vehemenz festgehalten wird. Aber die zunehmende Zahl an Spezialitätenröstern setzt dem etwas anderes entgegen: *Schonende Langzeitröstung von hochwertigen Rohkaffees* ist das Zauberwort für milde, säurearme Kaffees und Espressi. Bewegung erzeugt Gegenbewegung!

Und in São Paulo jetzt das hier: Leichte, extrem säurelastige Kaffees – das Gegenteil von dem, worauf Spezialitätenröster so stolz sind. Zunge und Gaumen werden wie mit dem Pelz eines Grizzlys belegt. „So liebe ich meine Kaffees und Espressi", sagt Isabela, „und meine Kunden lieben sie auch so!" Zungenpelz in Brasilien.

Wir sind mehr als irritiert. Was spielt sich hier ab? Um die Frage selbst zu beantworten: Hier entsteht ein neues Geschmacksbild! Ob wir dies nun lieben oder nicht. Aber es passiert, und es wird weitergetragen, denn Isabela Raposeiras ist umtriebig und passioniert. Und sie ist nicht die Einzige. Und Erfolg gibt recht!

Das „Epizentrum" des neuen Geschmacksbildes liegt aber nicht in der Rua Con. Eugenio Leit, Nr. 1121, São Paulo. Doch wo liegt es? Ein Verdacht drängt sich auf: Grünersgate 1, 0552 Oslo! Und schon bald bestätigt es sich: Zwischen beiden Straßen gibt es einen regen Austausch! Tim Wendelboes norwegischer Einfluss ist nicht mehr zu übersehen, nicht mehr zu „überschmecken". Ob wir es mögen oder nicht! Ich meinerseits mag es nicht; auch Michael, Rainer und Barbara nicht – jedenfalls nicht in der Extremform, die wir in Brasilien vorgefunden haben. Darüber haben wir lange diskutiert, beim

Lunch mit Isabela. Und ich vermute, es wird in den kommenden Jahren noch viel über die auch bei den Baristmeisterschaften quasi zum Standard gewordenen hellen Röstprofile diskutiert werden. Überspitzt formuliert, könnte die zentrale Frage lauten: Norway oder no (r) way?

Anm.: Ich habe bewusst vermieden, über die vielen Aktivitäten der jungen Isabela Raposeiras zu schreiben. Das hätte den Rahmen gesprengt. Wer mehr über sie wissen möchte, findet eine ganze Menge auf ihrer Website unter http://www.coffeelab.com.br.

Kaffeezubereitung: Der Keim der Hoffnung

09.02.2012
Es sind nun mehr als zwei Jahre vergangen, dass ich den Beitrag „Das Grauen einer Kaffeezubereitung“ geschrieben habe. Seitdem ist viel Wasser den Rhein herunter geflossen, viel Kaffee ist gebrüht worden, und auch die Hauptfigur des Beitrags, Clemence, die Schwester meiner Frau, war seither etliche Male wieder bei uns zu Besuch. Es hat sich nichts geändert, auch nicht bei ihrem letzten Aufenthalt vor einigen Tagen: Clemence bereitet weiterhin schreckliche Kaffees zu, überlebt sie erstaunlich gut, und das wird in 40 oder 50 Jahren sicher noch genauso sein. Die Windmühlen entziehen sich dem Kampf! Und Don Quijote wird noch ein bisschen trauriger werden ...

Doch dann das Unerwartete!

Plötzlich, wie das mit Geistesblitzen so ist, steht einer vor mir. Ein sehr lebendiger Blitz, genauer gesagt: unsere Tochter; in lila Hose, pink Dora-Shirt und wie immer barfüßig. Nächste Woche wird sie vier Jahre alt – oder besser: endgültig vier, denn seit geraumer Zeit beharrt sie darauf, sie sei ja schließlich schon „a little bit four“,dabei stets Daumen und Zeigefinger der rechten Hand aneinanderreibend und mit dem rechten Auge altklug zwinkernd. „What are you doing, Daddy?“, (ihre bevorzugte Sprache ist Englisch) fragt sie mich, als ich in der Küche offenbar etwas abwesend auf eine Clemence-inisch volle French Press für eine nicht anwesende Person starre. „Uhm, eh ...“, und genau da passierte es; genau da kam er, der Blitz: Wie vermeide ich es, dass unsere Tochter in die kaffeetechnisch abgründigen Fußstapfen ihrer Tante tritt? Wie erkläre ich ihr, dass die richtigen Mengen an Wasser und Kaffeepulver zusammengebracht werden müssen, dass der Mahlgrad richtig gewählt und das Wasser richtig temperiert sein müssen, damit ein köstliches Getränk entstehen kann? Logo, indem ich es ihr erkläre! Kinder in diesem Alter saugen alles auf und speichern es ab. Hoffnung keimt auf.

„Hilfst du mir?“ (Ich spreche stets Deutsch mit ihr.) „Kaffee?“ (Eines der wenigen deutschen Wörter, das sie verwendet.) „Ja, lass uns einen Kaffee machen! Einen Filterkaffee." „Wait for me!" Sie greift ihre zweistufige, in der Küche stets im Weg stehende „Ich komme jetzt sogar an meine Vitamin-Gummibärchen"-Kunststofftreppe und stellt sie vor die Kaffeemühle. Mahlen und am Kaffeepulver riechen, ok, das haben wir schon oft gemeinsam gemacht; Kinder drücken schließlich mit Vorliebe auf alle möglichen Knöpfe. Aber heute geht um mehr als ums Mahlen und Riechen; heute geht es im wahrsten Sinne des Wortes „ums Ganze".

Spot on! Wir stehen in meiner kleinen, mit zahllosen Packungen, Filtern, Mühlen und sonstigem Zubehör überfüllten Kaffee-Ecke, eingeklemmt im 90-Grad-Winkel zwischen Spüle und Kühlschrank. „Also gut, was brauchen wir?" „Kaffeeeee!" Klaro. „Und wie viel?" „I don't know." „Gut, lass uns zwei Tassen machen. Dafür brauchen wir genau 390 g Wasser und 24 g Kaffee. Das ist das optimale Verhältnis." „Okeeejj." „Und wie misst man 24 g Kaffee?" „I don`t know." „Mit der Waage!" „Waaaage?" Ich klappe meine kleine, mich schon endlose Jahre begleitende Voltcraft-Taschenwaage auf. „I can do it!" Sie drückt instinktiv auf den grünen Knopf links oben. (Grüne Knöpfe sind immer zum Anmachen von irgendetwas; das Leben kann so einfach sein.) Ich stelle ein kleines Plastikschüsselchen auf die Waage. „Und jetzt drück den roten Knopf. Das ist Tara. Dann ist die Waage auf Null." „Zerooo?" „Damit wir nur den Kaffee wiegen, und nicht noch zusätzlich das Schälchen." „Okeeejj." Es ist herrlich, dass Kinder so gerne auf Knöpfe drücken. Man sollte einfach an alles Knöpfe machen (z. B. an Kinderzahnbürsten oder gleich an die Kinder selbst: rot um ins Bett zu gehen, grün um aufzustehen.)!

Ich nehme ein Päckchen meines geliebten äthiopischen Yirgacheffes. Den habe ich vor fünf oder sechs Tagen auf der „Röstbiene", meinem 300-g-Musterröster für unseren häuslichen Bedarf geröstet; ein Kaffee also „im besten Alter". Ich will ihn in das auf der Waage stehende Schälchen einfüllen. „I can do it!" „Bist du sicher?" „Yes!" Das Ausrufezeichen steht sichtbar über der Kaffeepackung. „Lass es uns besser zusammen machen." „I can do it myself." Ok, warum nicht? Kinder können in diesem Alter schließlich alles alleine machen. (Außer Kaffeebohnen vom Boden auflesen!)

Schließlich sind 24 g Kaffee abgewogen. Geschickt kippt sie die Bohnen in die Ascaso-Mühle. Die ist bereits auf Filterkaffee eingestellt, was die Sache erleichtert. Und jetzt? Das brauche ich gar nicht zu fragen. Ist doch klar: Knopf drücken! „Stopp! Das Schälchen drunter!“ „Oh, sorry“, strahlt mich ein süßes Lächeln an, „I'm confused!“

„So, und was kommt als nächstes?“ „Da rein!“ Mit ausgestrecktem Zeigefinger zeigt sie auf den schwarzen Melittafilter. „Papier, Daddy!“ Ich staune nicht schlecht! Ich ziehe einen weißen Papierfilter aus der Packung. „Das hier ist übrigens ein Papierfilter Größe 4.“ „I'm almost four too!“ „Genau! Und weißt du auch, warum ich den Papierfilter jetzt mit warmem Wasser ausspüle?“ „No!“ „Nun, damit die losen Zelluloseteilchen ausgespült werden. Die schmecken nämlich nicht gut im Kaffee. Wenn man es nicht macht, bekommt man so einen Papier-Kaffee.“ „Papier-Kaffeeee? You are silly, Daddy!“ „Albern hin, albern her, der Kaffee schmeckt dann wirklich nach Papier. Deshalb waschen wir den Papierfilter jetzt aus.“ Ich helfe ihr beim Ausstrecken der Arme. (She can do it!) Und beim Trocknen der Arme. (I can do it!)

„So, setz den Filter bitte auf die Glaskanne!“ Ich tippe mit dem Zeigefinger auf die im Schummerlicht unserer Kaffee-Ecke stehende French Press. „Halt! Erst Wasser kochen!“ „Yes, we need hot water, Daddy! You forgot!“ „Holla, I'm confused!“ „Yes, you are confused!“ Kinder können sich sooo schön freuen.

„Siehst du den Papierstreifen hier an der Glaskanne?“ „You glued it?“ „Ja, den habe ich angeklebt. Und jetzt weiß ich genau, wie viel 390 g Wasser für 2 Tassen Kaffee sind und wie viel 780 g für vier Tassen. Dann erspare ich mir nämlich das Abwiegen!“ „Okeeejj!“ Ich fülle die Kanne der French Press bis zur unteren Markierung, und zusammen gießen wir es in den Wasserkocher; Hand in Hand sozusagen.

Ich gebe ihr mein „Barista-Thermometer“. „Kannst du das bitte ins Wasser stellen?“ „What is it?“ „Ein Thermometer. Damit misst man die Temperatur des Wassers.“ „Tempatur?“ „Ja, die Temperatur des Wassers ist sehr wichtig! Wenn wir das Wasser nachher auf den Kaffee aufgießen, brauchen wir eine ganz bestimmte Temperatur!“ „Ehemm.“ (Das hat sie von mir.) „Ja, 92 bis 96 Grad Celsius. Dann wird der Kaffee am allerbesten.“ „Ehemm.“ „Bei diesen Aufguss-Temperaturen lösen sich die Bestandteile in den Kaffeezellen am besten, und zugleich wird der Kaffee weder bitter, was passiert, wenn das Wasser über 96 Grad ist, noch sauer, was passiert, wenn es unter 92 Grad ist. Verstehst Du das?“ „Yes!“ Wer würde daran zweifeln! Wir klemmen zusammen das Thermometer unter den heruntergeklappten Deckel des Wasserkochers. Jetzt nur noch den Kessel auf die Unterlage setzten und … nein, nein, den Knopf drücke ich selber. Heißes Wasser ist Hoheitsgebiet der Eltern!

„So, das Wasser ist bald auf 96 Grad.“ „I want to see it!“ „Dein Wunsch sei mir Befehl!“ Ich lifte sie hoch: „Siehst du den Zeiger?“ „Yeah, it's like my watch!“ „Ja, genau. Auf der du immer sehen kannst, bei welcher Temperatur du ins Bett musst.“

Statt bei 96 Grad ist die „tempatur“ inzwischen allerdings bei 100 Grad angekommen. Zu lange geliftet! Aber das ist nicht schlimm. Wenn es bei uns schnell gehen muss, vor allem morgens, gilt die Devise: Wasser kochen, eine Minute abkühlen lassen, aufgießen. Wer kann um 6:30 Uhr auf der beschlagenen Anzeige eines Thermometers schon zwischen 94 und 95 Grad unterscheiden? Und die paar durch das Kochen ausgefällten Mineralien nehme ich gerne in Kauf. Die fünf muss morgens gerade sein.

Aber da heute „Unterricht“ ist, lasse ich das Thermometer im Wasser stehen. Es kühlt langsam ab. „Siehst du, jetzt hat das Wasser 95 Grad. Jetzt gieße ich es auf.“ „Okeeejj.“ I can do it ist jetzt tabu! „Siehst du: zuerst das Kaffeepulver ein wenig befeuchten. Jetzt können sich die Zellen des Kaffeepulvers mit Wasser vollsaugen, und die löslichen Bestandteile können später besser herausgespült werden. Wir bekommen dann eine gute Extraktion.“ Hui, das versteht kaum ein Erwachsener. Auch sie schweigt. „Und schau mal, wie der Kaffee jetzt aufgeht?“ „Jaa, like a cake!“ „Like a chocolate cake!“, ergänze ich. „Like my birthday cake!“ „Genau! Aber wenn du alten Kaffee verwendest, dann geht der gar nicht auf. Der fällt in sich zusammen. Das sieht dann eher aus wie ein Vulkan." „Like a Vulkan, puuh, puuh, puuh", und sie imitiert mit ihren Armen einen ausbrechenden Vulkan. „Na ja, bei einem alten Kaffee explodiert nichts mehr. Da ist tote Hose. Maria Lach im Filter, sozusagen. Maria Lach, das zeige ich dir nachher auf der Landkarte. Das liegt in der Eifel. Da ist genauso viel los wie in einem Filter mit alten Kaffee." „Okeeejj." Ob ich ihr wirklich die Eifel zeigen soll?

„Und jetzt das Wasser langsam und kreisförmig aufgießen." Sie schaut aufmerksam zu. „Siehst du, das Kaffeepulver sollte möglichst überall gleichmäßig vom Wasser durchdrungen werden." Sie steht auf den Zehenspitzen, reckt den Hals. „Ansonsten hat man an einigen Stellen eine Überextraktion, an anderen eine Unterextraktion. Macht Sinn?" „It looks like my pupu!" Mir fällt beinahe der Wasserkocher aus der Hand. Ich tue, als hätte ich nichts gehört. „So, immer schön schauen, dass das gesamte Pulver stets mit Wasser bedeckt ist." „Hm, riech mal." Unwiderstehlich plastisch sehe ich „pupu" vor mir. Sie streckt sich vor, atmet tief ein und nickt: „Good." „Und vor allem: Der wird genauso gut schmecken, wie er riecht!" „I want to drink." "Nein, du weißt, Kaffee ist nichts für Kinder." „Only for grown-ups?" „Ja, nur für Erwachsene!" „But, but ... but I'm almost four." „Genau, und deshalb geb ich dir jetzt eine Tasse Milch. Good job, Naomi! Wir sind fertig!" „Thank you for showing me this Kaffeeee, Daddy!" „You are welcome!" High five. „Ok, komm jetzt die Treppe runter. Ich räume noch auf." „Okeeejj." Schade, dass es in der Kaffee-Ecke keinen grünen „Aufräumen"-Knopf zum Draufdrücken gibt!

So, das war unsere erste Unterrichtsstunde. Filterkaffee-Unterrichtsstunde. Eine Spaßstunde. Ein Keim der Hoffnung. Mal schauen, wie's weitergeht.

Kapitel 2

Weniger ist mehr oder was man braucht, um einen guten Kaffee zu machen

Ich habe sie bereits erwähnt: die Kaffee-Enthusiasten. Ihr Bestreben ist die Zubereitung der perfekten Tasse Kaffee. Aber: Kaffee ist hinterlistig! Mit Vergnügen entzieht er sich der genauen Wiederholung! Zweimal hintereinander exakt das gleiche Brühergebnis zu erzielen, da muss selbst ein mit allen (Kaffee-)Wassern gewaschener Aficionado einen Glückstag erwischen!

Aber wir wollen bescheiden sein. Die Erkenntnis, dass Kaffee anders schmecken kann als aus unterdosierten Gastro-Maschinen oder überdosierten heimischen Filtermaschinen, beide befüllt mit vorgemahlenem Standardgeschmacks-Kaffeepulver, ist noch relativ jung. Es gibt also noch vieles, vieles zu entdecken!

Eines steht allerdings schon fest: Um einen guten Kaffee zu machen, bedarf es *nicht* aufwendiger und teurer Technologie (was bei Espresso deutlich anders ist). Viel wichtiger ist das Wissen um einige Grundelemente der Zubereitung sowie ein einfaches Equipment, dessen Konstruktion aber genau diese Grundelemente berücksichtigt. Wer außerdem das „Dreigestirn“, wie ich es für mich nenne, aus einem gut gerösteten Spezialitätenkaffee, einer guten Kaffeemühle und einem der neuen, spannenden Zubereitungsgeräte wie AeroPress, Hario-V-60-Filter oder Clever Coffee Dripper sein Eigen nennt, der kann auf einfachste Art und Weise die wohlschmeckendsten Kaffees zubereiten.

Eine kleine Auswahl dieser zum Teil noch recht jungen Geräte für eine optimierte Kaffeezubereitung stelle ich Ihnen auf den folgenden Seiten vor. Eingeschlossen ist ein Beispiel, wie ich solche Geräte in der Regel teste; auf der Basis solcher Tests fällt die Entscheidung, ob ein Produkt in den Maskal-Shop aufgenommen wird oder nicht.

BESTBREW oder die perfekte Kaffeezubereitung Ein Interview mit Robin Salten

11.03.2012
Robin Salten importiert mit seinem noch kleinen Unternehmen Bestbrew[1] Equipment für die manuelle Kaffeezubereitung. Bestbrew ist in meinen Augen ein wichtiger Baustein der Spezialitätenkaffee-Szene sowie der wachsenden Erkenntnis, dass es keineswegs teurer, technisch komplexer Maschinen bedarf, um sich einen guten Kaffee zu brühen. Im Gegenteil! Aber lesen Sie am besten selbst, was Robin Salten dazu zu sagen hat – in einem Interview, das ich vor einigen Tagen mit ihm geführt habe.

Hallo Robin! Erst einmal vielen Dank für die Zeit, die du dir nimmst! Die Konstruktion deiner „mobilen Brewbar“ hält dich, wie du mir im Vorfeld gesagt hast, derzeit ganz schön auf Trapp! Lass' uns deshalb gleich loslegen, und zwar mit der vielleicht berühmtesten aller Einstiegsfragen: Wie hat alles angefangen? Oder anders formuliert: Wie kommt jemand auf die Idee, als Großhändler Equipment für die „beste Kaffeezubereitung“ zu importieren?

Im Grunde genauso, wie es bei den meisten „Kaffeeverrückten“ angefangen hat: mit der Unzufriedenheit mit den Kaffeegetränken, die man in vielen Cafés serviert bekommt. Vor etwa 15 Jahren habe ich damit begonnen, Espresso und Cappuccino nach italienischem Vorbild zubereiten zu wollen. Dieser Versuch hat mich dann einige Jahre beschäftigt und von der Herdkanne und Schneebesen für den Milchschaum bis zur zweigruppigen Gastronomie-Espressomaschine geführt.

Nachdem ich mit meinen Ergebnissen zufrieden war, und sich auch, anders als es vorher eigentlich immer gewesen ist, meine Ansprüche nicht mehr weiterentwickelt haben, fiel mir auf, dass immer mehr Kaffeeröstereien anfingen, sortenreine Kaffees anzubieten. Das hat mich dazu animiert, mich mehr mit unterschiedlichen Kaffees auseinanderzusetzen. Damit habe ich im Grunde eine für mich völlig neue Welt betreten und musste feststellen, dass

---

1 www.bestbrew.de

es dort mehr gab als ich mir vorher vorstellen konnte. Da aber die ständige Einstellerei von Maschine und Mühle beim Bohnenwechsel nicht nur viel Zeit, sondern auch viel Kaffee kostete, fing ich an, mich mit unterschiedlichen Zubereitungsmethoden für Brühkaffee zu beschäftigen. Als ich dann 2006 über die AeroPress gestolpert bin, war das für mich wie eine Erleuchtung, und ich musste feststellen, dass mir am Brühkaffee nicht nur der Abwechslungsreichtum, sondern vor allem auch der Geschmack wesentlich besser gefiel als der des Espresso. Der Gedanke, bis dahin in Deutschland im Wesentlichen unbekannte Brühgeräte zu importieren, drängte sich mir danach ziemlich bald auf. Allerdings hat es dann noch fast drei Jahre gedauert, bis dem Gedanken auch Taten folgten bzw. alle Grundlagen gelegt waren.

Mit welchem Produkt hast du schließlich angefangen, und warum genau mit dem? Was hat dich daran so überzeugt, begeistert?

Angefangen habe ich dann tatsächlich mit der AeroPress. Die AeroPress stach für mich vor allem dadurch hervor, dass ich damit sehr gut mit unterschiedlichen Zubereitungsparametern wie Mahlgrad, Wassertemperatur, Druck und Ziehzeit experimentieren und dadurch sehr konkret auf die einzelnen Kaffees eingehen konnte.

Danach kamen welche Produkte? Und auch hier: warum genau die?

Danach kamen einige Produkte der Firma Hario Glassware aus Japan. Um zu erklären, warum ausgerechnet Hario-Produkte, muss ich kurz zurück zur AeroPress.

Die Markteinführung der AeroPress gestaltete sich nämlich wesentlich schwieriger und zäher, als ich es ob meiner Begeisterung erwartet hatte. Das lag, denke ich, maßgeblich daran, dass die AeroPress kein ästhetisches Wunderwerk ist, auch wenn man unter dem Gesichtspunkt form follows function sagen kann, dass sie sehr konsequent gestaltet ist. Zumindest hat mich dies dazu bewogen, mich nach Produkten umzusehen, die auch den ästhetischen Ansprüchen eines Kaffeeliebhabers gerecht werden. Die Hario-Produkte erfüllten dann nicht nur den ästhetischen Anspruch, sondern überzeugten mich auch hinsichtlich der Verarbeitungs- und Materialqualität sowie der Funktion.

Das heißt, neben der Funktion spielt auch die Ästhetik eine inzwischen wichtige Rolle bei der Auswahl der Produkte, die du importierst oder beabsichtigst zu importieren?

Ja. Und dennoch: Für mich ist in erster Linie die Funktion wichtig; das heißt, das Produkt muss dazu beitragen, guten Kaffee zubereiten zu können oder aber ein passender Zuspieler für das eigentliche Zubereitungsgerät sein. Gute Beispiele dafür sind der Buono Kettle und der Range Server von Hario. Neben dem passenden Design zum V60 Coffee Dripper, einem Kaffeefilter, bringen Sie auch noch Eigenschaften mit, die es einfacher machen, guten Kaffee zuzubereiten. Mit dem Buono Kettle ist z. B das kontrollierte langsame Aufgießen des Brühwassers wesentlich einfacher als mit einem Wasserkocher. Und das kontrollierte Aufgießen ist wichtig für eine gute Extraktion!

Wie vertreibst du Coffee Dripper, Buono Kettle, AeroPress & Co? Wer sind die Abnehmer deiner Produkte?

Direkte Abnehmer der durch uns importierten Produkte sind unsere Vertriebspartner. Unser Vertriebsnetz setzt sich im Wesentlichen aus Kaffeeröstereien, Speciality-Coffee Shops sowie Kaffee- und Kaffeezubehör-Geschäften zusammen. Indirekte Abnehmer sind Menschen, denen guter Kaffee am Herzen liegt und die bereit sind, sich über das Drücken eines Knopfes und dem gelegentlichen Säubern einer Maschine hinaus mit der Kaffeezubereitung auseinanderzusetzen. Glücklicherweise entdecken immer mehr Konsumenten die geschmackliche Vielfalt, die Kaffee zu bieten hat und entwickeln Interesse an der Zubereitung.

Wie würdest du die Kommunikation mit deinen Abnehmern zum einen, aber auch mit deinen Zulieferern zum anderen beschreiben?

Die Kommunikation mit meinen Abnehmern ist sehr offen und der Umgang miteinander freundlich und kooperativ. Man merkt, dass es in der Spezialitätenkaffee-Branche nicht nur um wirtschaftliche Interessen geht, sondern dass die meisten Beteiligten mit echtem Herzblut ihre Geschäfte betreiben, sodass es auch darum geht, gemeinsam etwas zu bewegen und voneinander zu lernen.

Die Kommunikation mit den Lieferanten war für mich anfangs sehr ungewohnt, da meine Vorerfahrungen sich auf Geschäftspartner aus dem europäischen und zumeist deutschsprachigen Raum beschränkten. Merkt man schon zwischen Nord- und Südeuropa Unterschiede in der Mentalität und den Gepflogenheiten, so sind diese natürlich auf interkontinentaler Ebene noch gravierender und bieten viel Spielraum für Missverständnisse. Alles in allem klappt aber auch mit meinen internationalen Geschäftspartnern die Kommunikation sehr gut.

Du betreibst „Bestbrew“ nun seit einigen Jahren. Wie siehst du die Entwicklung, die Akzeptanz der von dir importierten Produkte von den Anfängen bis heute? War bzw. ist viel Aufklärungsarbeit notwendig oder lief und läuft „alles wie von selbst“?

Nun, Bestbrew ist ja noch eine recht junge Firma, aber selbst über den kurzen Zeitraum von mittlerweile drei Jahren kann ich eine extrem ansteigende Nachfrage feststellen. War im ersten Jahr noch jeder gewonnene Vertriebspartner anstrengende Arbeit und ein riesiger Erfolg, so geht heute schon vieles von selbst. Insbesondere bezüglich der von dir angesprochenen Aufklärungsarbeit tragen heute maßgeblich die Vertriebspartner mit ihren Vorführungen und Erklärungen der Zubereitungsmethoden bei, aber auch mit ihren Bemühungen um Aufklärung hinsichtlich von Kaffeequalitäten, Nachhaltigkeit beim Anbau, Fairness gegenüber den Erzeugern, und somit zu insgesamt mehr Verständnis für das Produkt Kaffee.

Im vergangenen Jahr haben wir einige Veranstaltungen wie z. B. „Roasters & Baristi“[1] in Hamburg oder den „BrewRista Talk“[2] in Mainz mit Brühgeräten

---

1 www.roasters-and-baristi.de

2 www.facebook.com/pages/brewrista-talk

versorgt und haben festgestellt, dass das Interesse an Brühkaffee enorm angestiegen ist. Auch auf den diesjährigen österreichischen Barista-Meisterschaften, wo wir als Sponsor der Brewbar präsent waren, war das Interesse der Besucher sehr groß.

Daraus könnte man die Frage ableiten: Sollte ein Kaffeetrinker zu Hause seinen Vollautomaten, seine Pad- oder Filtermaschine jetzt in die Ecke stellen seinen Kaffee mit einem deiner Produkte zubereiten?

Warum nicht? Es gibt es viele Gründe dafür! (Er lacht.)

Und die wären?

Der Hauptgrund liegt natürlich im Geschmack. Es ist mit einer manuellen Brühmethode ohne Zweifel besser möglich, auf den jeweiligen Kaffee, den man verwendet einzugehen und ihm sein Geschmackspotenzial zu entlocken. Das heißt natürlich nicht, dass dies mit einem perfekt eingestellten Vollautomaten, der die notwendigen Einstellungsmöglichkeiten wie Mahlgrad, Wassertemperatur, Ziehzeit, Brühwassermenge usw. bietet nicht möglich wäre, aber mit einer manuellen Brühmethode ist es wesentlich einfacher. Dadurch, dass es so einfach ist, Einfluss auf die Brühparameter zu nehmen, wird es möglich, viele unterschiedliche Kaffees je nach Lust und Laune zu trinken, was für mich mittlerweile wesentlich für den Genuss ist.

Was den Vergleich z. B. mit Pad-Maschinen angeht, so kommen noch ein paar mehr Gründe neben der Einfachheit und der Flexibilität hinzu. Da man bei einer Pad-Maschine auf maschinentaugliche Pads angewiesen ist, kann man in der Regel nicht frei wählen, welche Kaffees man trinken möchte. Hinzu kommt der verhältnismäßig hohe Preis für die Pads, der, wenn man ihn mal auf den Kilogrammpreis hochrechnet, den Preisen für erstklassige Spezialitätenkaffees in nichts nachsteht. Wem über den Geschmack hinaus auch wichtig ist, wo der Kaffee herkommt bzw. dass er im Erzeugerland unter menschenwürdigen Verhältnissen auf umweltfreundliche, nachhaltige Weise produziert wurde, wird ebenfalls mit einer Pad-Maschine nicht glücklich sein.

Gibt es bei der Zubereitung mit AeroPress, Syphon etc. bestimmte

Anforderungen an den Kaffee, den man verwenden sollte? Oder tut's auch ein Aldi-Kaffee?

Generell würde ich sagen, dass die Grundlage für ein wirklich gutes Ergebnis immer qualitativ hochwertiger, gut gerösteter Kaffee ist! Da die verschiedenen Brühmethoden unterschiedliche Eigenschaften bezüglich der Betonung von z. B. Körper und Aroma des Brühergebnisses aufweisen, gibt es mehr oder weniger geeignete Kaffees, was sich aber, denke ich, maßgeblich auf die Röstung bezieht. Der Coffee Syphon z. B. ist eine gnadenlose Aromafalle, die auch den kleinsten Hauch von Röstaroma als beißenden Geschmack zutage fördern kann, weshalb sich dafür nach meiner Erfahrung in erster Linie hell geröstete Kaffees eignen.

Was den Aldi-Kaffee angeht, so würde ich sagen, dass man selbst mit einem guten Brühgerät daraus sicherlich keinen besonders interessanten Kaffee zaubern kann. Trotzdem wird man aber auch aus diesem Kaffee ein wenig mehr herausholen können als mit einer einfachen Filtermaschine, die in der Regel zu kaltes Wasser ungleichmäßig auf dem Kaffeemehl verteilt. Allerdings wage ich zu behaupten, dass jeder, der einmal in den Genuss von gutem Kaffee gekommen ist, aufmerksam zubereitet mit einem geeigneten Brühgerät, einen billigen Supermarktkaffee nicht mehr als Genuss empfinden wird.

Würdest du sagen, dass in Deutschland zunehmend mehr auf eine gute Kaffeezubereitung, welche die von dir angesprochenen Parameter berücksichtigt, Wert gelegt wird? Wird von den Konsumenten gleichzeitig auch mehr Wert auf teure, dafür aber gut verarbeitete und geröstete Kaffees gelegt? Kurzum: Wie würdest du in Deutschland die Zukunft für „den guten Kaffeegeschmack“ sehen – rosig oder dornig?

Das ist eine schwierige Frage. Ohne Zweifel steigt die Nachfrage für hochwertige Kaffees und damit auch für die Brühgeräte. Allerdings handelt es sich dabei nach wie vor um einen Nischenmarkt. Die Tatsache aber, dass mittlerweile auch Unternehmen aus der Kaffee-Industrie mit Kaffees aus nahezu unzugänglichen Gegenden, gepaart mit einem schonenden, traditionellen Röstverfahren werben, zeigt uns, dass auch dort ein Trend zu steigendem Qualitätsbewusstsein seitens der Verbraucher wahrgenommen wird. Es stimmt zuversichtlich, dass es sich bei der derzeitigen Entwicklung nicht nur um einen kurzzeitigen Hype handelt, sondern um einen nachhaltigeren Trend, hin zu mehr Anspruch an die Qualität des Lebensmittels Kaffee und hin zu mehr Interesse an den Bedingungen in den Anbauländern. Insofern sehe ich die Zukunft rosig, zumal auch das Angebot an gutem Röstkaffee deutlich zunimmt.

Und wie steht Deutschland in dieser Hinsicht im europäischen und internationalen Vergleich da?

Ich habe da natürlich nur einen sehr begrenzten Einblick, aber wir hängen im Vergleich zu den skandinavischen Ländern oder zu Großbritannien sicherlich noch zehn Jahre hinterher; doch es tut sich was. Im Vergleich zu Österreich und der Schweiz ist Deutschland, glaube ich, schon einen ganz kleinen Schritt weiter.

Die südeuropäischen Länder kann ich ganz schlecht einschätzen. Griechenland scheint teilweise sehr weit zu sein, während man aus Italien, Spanien, Portugal usw. eigentlich kaum etwas mitbekommt. Im Vergleich zu den USA oder Japan liegt Deutschland ebenfalls noch recht weit zurück.

Das heißt, es gibt noch viel für dich – und für unsereins – zu tun! Kommen wir deshalb mit einer ebenfalls berühmten Frage zum Abschluss: Auf welche Art und Weise bereitet „Mr. Bestbrew himself“ seinen Morgenkaffee zu?

Meinen Morgenkaffee bereite ich mit der AeroPress zu. Für mich ist dies jedes Mal ein Moment der morgendlichen Besinnung. Ich liebe die Düfte, die bei der Zubereitung von Kaffee mit der AeroPress frei werden und starte auf diese Weise mit einem positiven, sinnlichen Erlebnis in den Tag. Das Wachwerden kommt dann später …

Robin, vielen Dank für das Interview und weiterhin viel Erfolg mit „Bestbrew“!

Die Hario Mini Mill Slim-Handmühle – ein weiteres Kleinod aus Japan

12.01.2011

Nachdem die Skerton-Handmühle von Hario bereits Anfang Januar, und damit weitaus früher ausverkauft war, als wir[1] es uns jemals erträumt hätten, haben wir uns kurzerhand entschlossen, den „kleinen Bruder“ (oder „Schwester“?) der Skerton, die Mini Mill Slim-Handmühle zu ordern. Dank eines Tipps von Robin Salten (Bestbrew), der die Mini Mill Slim zwar in Japan bereits bestellt, aber noch nicht erhalten hat, sind wir in England bei CoffeeHit fündig geworden. Die hatten zwar nur noch sechs Stück auf Lager, aber immerhin.

Die Mini Mill Slim halten wir in mehrfacher Hinsicht für eine prima Ergänzung zur Skerton. Zunächst ist sie bei annähernd gleicher Höhe deutlich schlanker und auf Grund der Verwendung von Kunststoff für den Pulverbehälter deutlich leichter als die Skerton. Nimmt man noch die größere Robustheit durch die Verwendung von Kunststoff hinzu, so machen die schlanke Form, das geringe Gewicht und die Schlagfestigkeit die Mini Mill Slim zur idealen Handmühle für unterwegs.

Wie bei der Skerton können auch bei der Mini Mill Slim alle Standardmahlgrade, von Espresso bis French Press eingestellt werden – allerdings auf eine etwas bequemere Art als bei der Skerton. Der Bohnenbehälter der Mini Mill ist mit ca. 50 g etwas kleiner, der Pulverbehälter fasst, je nach Mahlgrad, mit 25 bis 30 g doch deutlich weniger als die Skerton, ist aber vollkommen ausreichend für die Zubereitung von einer bis drei Tassen Kaffee oder einer bis vier Tassen Espresso.

Was das Kegelmahlwerk aus Keramik betrifft, so scheint die Mini Mill im gröberen Mahlbereich sogar ein leicht homogeneres Ergebnis zu liefern als die Skerton. Das müssen wir allerdings noch präzise miteinander vergleichen.

---

1 Anm. 20.05.2012: In den Jahren 2010/2011 war die Maskal – fine coffee company eine GbR (Langenbahn & Volkmann-GbR). In dieser Zeit wurden Entscheidungen in gemeinsamer Absprache getroffen. In Artikeln aus diesen beiden Jahren gehe ich deshalb je nach Zusammenhang von der Ich- zur Wir-Form über.

Auf jeden Fall aber haben wir zusammen mit der Mini Mill Slim nun zwei attraktive Handmühlen des japanischen Herstellers Hario in unserem Zubehör-Angebot.

Hario Coffee Syphon „Technica“ TCA-2 und TCA-5: Das Zelebrieren von Kaffee

26.01.2012

Wer mich fragt, was mir am besten an einem Syphon gefalle, dem antworte ich inzwischen: Die nicht existierende Gefahr, dass einem der Kaffee in einem Pappbecher to go in die Hand gedrückt wird! Nein, Pappbecher sind nichts für Leute, die sich ihren Kaffee in einem gläsernen Syphon zubereiten oder zubereiten lassen. Das sind Liebhaber. Leute, für die der Kaffeegenuss (noch oder wieder) mit Werten belegt ist. Leute, die Kaffee nicht kochen oder zubereiten, sondern die Kaffee zelebrieren. Die sich Zeit und Muße nehmen, sich vor den Syphon zu setzen und zuzuschauen beim Aufsteigen des Wassers aus dem Wasserbehälter und dem schlagartigen, durch ein Vakuum bewirkten Zurückfließen des Kaffees in den leeren, nun zur Karaffe gewordenen Wasserbehälter. Das sind Leute, die ihren Kaffee in einer feinen Porzellantasse genießen. Und denen das alles Vergnügen bereitet.

Wir haben lange gezögert, einen Syphon in unseren Shop aufzunehmen. 89,- Euro für einen Zwei-Tassen- oder 99,- Euro für einen Fünf-Tassen-Syphon von Hario: Wie viele Kunden werden das machen? Rechnet sich das für uns? Oder werden wir ewig auf den Syphons sitzenbleiben. Wir fanden günstigere Alternativen: in Korea und in einer kleinen chinesischen Glasbläserei. Aber optisch und in den kleinen, aber feinen technischen Details reichten sie beide nicht an die „Technica“ von Hario ran.

Schließlich entschieden wir uns doch, sowohl die TCA-2 als auch die TCA-5 anzubieten. Es war an dem Tag, als ich in einem winzigen Café, ausgestattet mit nur einem Sofa und zwei niedrigen Tischen, saß und zuschaute, wie vor mir das Wasser aufstieg, das Kaffeepulver eingefüllt wurde, der Kaffee schlagartig nach unten floss und ich einen herrlichen Kaffee aus einer Porzellantasse trank. Es war nicht das erste Mal, dass ich bei Pierre im „Happy goat“ vorbeischaute und einen Kaffee aus dem Syphon trank. Aber manchmal brauchen Entscheidungen Zeit, um in einem unerwarteten Augenblick ohne Zaudern gefällt zu werden. Ich rief sofort im Büro an.

Clever Coffee Dripper – die clevere Art, Kaffee zu machen!

07.03.2012
Neue Geräte für die Kaffeezubereitung stehen bei mir immer zuerst eine Zeitlang im Regal. Wie eine Katze schleiche ich wochen- und manchmal monatelang um sie herum, immer die Frage im Sinn: „Top oder Flop?“ Zu oft habe ich es erlebt, dass hochgepriesene Neuheiten den Ansprüchen einer wirklich guten Kaffeezubereitung nicht gerecht werden – weshalb wir auch nur Produkte in unseren Shop aufnehmen, die diesen Ansprüchen gerecht werden. Auch den Clever Coffee Dripper habe ich umrundet; lange. Dann getestet; sehr lange. Jetzt kommt er in den Shop! Nicht, weil ich ihn für gut befunden hätte. Nein: für sehr gut!

Was mich beim Clever Coffee Dripper überzeugt, ist das Gesamtpaket aus Einfachheit, Schnelligkeit, Brühergebnis, Flexibilität und, na ja, eben der „Cleverness“. Die Cleverness besteht darin, dass ein im Prinzip simpler Kaffeefilter (wobei Kaffeefilter gar nicht so simpel sind, wie man vielleicht annehmen könnte), mit einem am Boden sitzenden Ventil versehen wurde; dieses Ventil öffnet sich, sobald man den Filter auf ein Gefäß, z. B. auf eine Kaffeetasse oder Kaffeekanne setzt. Diese Art von Ventilprinzip ist nicht neu und findet bei verschiedenen Kaffeefiltermaschinen Verwendung; es gab es bisher aber noch nicht bei einem Handfilter.

Halt, ganz stimmt das nicht! Genau genommen müsste ich den Plural benutzen, denn es gibt das „Clever Coffee-Prinzip“, wie ich es für mich nenne, inzwischen bei unterschiedlichsten Handfiltern. Die Mehrzahl von ihnen ist allerdings für die Zubereitung von Tee gedacht und geeignet. Etliche davon haben sich bei mir bereits angesammelt: vom Tee-Filter Handy Brew[1] der taiwanesischen Firma Abid, die ihrerseits den Clever Coffee Dripper erfunden hat, über den eher für Tee denn (wie behauptet) für Kaffee geeigneten Brewt[2] bis hin zu in kleinen chinesischen Läden unter Bergen von Kulturgütern aus drei Jahrtausenden herausgefischten „Clever-Varianten“, bei

1 www.handybrew.com/products-list.html

2 http://www.brewts.com

denen das Urheberrecht an der chinesischen Mauer abgeprallt zu sein scheint.

Da ich den Brühvorgang und die damit verbunden Vorteile detailliert im Shop beschrieben und illustriert habe[1], verweise ich der Einfachheit halber auf die entsprechende Seite im Shop.

Ich selbst bin ein großer Fan des Clever Coffee Dripper und wenn immer möglich, bereite ich meinen Kaffee mit ihm zu. Wer maximal zwei Tassen wohlschmeckenden Kaffee schnell und ohne Aufwand zubereiten möchte, der kommt am Clever Coffee Dripper eigentlich nicht vorbei. In diesem Sinne .....

---

1 http://maskal.de/kaffee-shop/Kaffeemaschinen-Zubehoer/Clever-Coffee-Dripper:::7_17.html

Die ESPRO PRESS im Test

03.06.2011

Es ist erstaunlich, wie viele neue Produkte für die manuelle Kaffeezubereitung seit geraumer Zeit auf den Markt kommen. Und das ist gut so! Sehr gut sogar! Im Prinzip jedenfalls. Nicht immer ist die Technik oder Methode ganz neu, doch die langjährigen und intensiven Bemühungen vieler Top-Baristi und Coffee-Geeks, der manuellen Kaffeezubereitung wieder zu mehr Geltung zu verhelfen, scheinen offensichtlich Früchte zu tragen.

In der Regel sind es Designerfirmen, Küchenausstatter, Keramik- oder Glashersteller, die die umfangreichen Erkenntnisse aus der Kaffee-Szene aufgreifen und in neue bzw. weiterentwickelte Produkte umsetzen. Bisweilen sind es aber auch reine Kaffee(-zubehör)-Firmen, wie z. B. die durch ihre Tamper weithin bekannt gewordene kanadische Firma ESPRO[1], die seit einiger Zeit mit ihrer Espro Press, einer modifizierten French Press, für Aufmerksamkeit sorgt. Wesentliches Unterscheidungsmerkmal ihrer Espro Press zur French Press ist ein neu entwickelter, doppelter Mikrofilter, der die Feinstoffe zurückhält, die Kaffeeöle aber durchlässt.

Da die Neuentwicklung von ESPRO sehr vielversprechend klingt, und zudem das Design sehr ansprechend ist, habe ich mir zu Testzwecken eine Espro Press zuschicken lassen. Ich wollte sehen, ob sich die Versprechungen des Herstellers („The espro™ press helps you make a clean cup, with all of the delicate flavours and aromas that fully express your coffee.“) sowie die vielen positiven Beurteilungen in Foren wie „coffeegeek“ und anderen bewahrheiten und wir ggf. die Espro Press in unseren Shop aufnehmen werden. Und um es gleich vorwegzunehmen: Die erste Lieferung ist bereits bestellt.

Optik

Optisch ist die Espro Press sehr ansprechend: Die schlanke Form und das Metall wirken sehr elegant und solide.

---

1 www.espro.ca

Maße, Gewicht

- Höhe (mit Stempel): 19,5 cm
- Breite (am Boden): 7,1 cm
- Griffhöhe: 15,25 cm
- Griffbreite: 3,6 cm
- Gesamtgewicht (mit Filter): 560 g

Handhabung
Die Handhabung ist äußerst einfach und identisch mit der der French Press: Kaffeepulver wird in die Kanne gegeben, nach dem Kochen leicht abgekühltes Wasser aufgegossen und nach einer Brühdauer von 4 bis 5 Minuten der Stempel/Filter heruntergedrückt. Fertig! Zu den einzelnen Parametern wie Wassertemperatur, Kaffeemenge etc. erfahren Sie mehr in der Folge.

Kanne/Isolierfähigkeit
Die Kanne besteht aus einer doppelten Edelstahlwand, mit einem Vakuum als Isolier„material" im Zwischenraum.

Es wurde ein Temperaturtest mit folgenden Parametern durchgeführt:

- Kaffeemenge: 22 g
- Verwendeter Kaffee: Tanna (Vanuatu)
- Wasseraufgussmenge: 300 g
- Temperatur: 92 Grad Celsius
- Umgebungstemperatur: 22 Grad Celsius

Der Test ergab:

Beim Aufgießen in die *nicht* vorgewärmte Espro Press fällt die Wassertemperatur zunächst von 92 auf 86 Grad Celsius ab. Ohne die Espro Press abzudecken dauert es dann knapp zehn Minuten, bis die Temperatur um 2 Grad von 86 auf 84 Grad absinkt! Dies zeigt, dass die Isolierfähigkeit der Espro Press sehr hoch ist und mit sehr gut bewertet werden muss!

Bei allen folgenden Tests habe ich eine Aufgusstemperatur von 92 Grad

Celsius verwendet; dies ist zum einen noch eine ideale Brühtemperatur, zum anderen ergibt sich dadurch eine angenehme Anfangs-Trinktemperatur. Bei Verwendung der vom Hersteller der Espro Press auf dem Begleitzettel empfohlenen 95 Grad Aufgusstemperatur habe ich mir, wie der gemeine Südbadener sagen würde, aufgrund der guten Isolierfähigkeit der Espro Press „heillos de Schnorre vabrennt". Deshalb: Wer 95 oder 96 Grad heißes Aufgusswasser verwendet, sollte den Kaffee nach dem Ausgießen aus der Espro Press erst ein paar Minuten abkühlen lassen!

Die äußere Wand der Espro Press wärmte sich während des Tests nur unwesentlich auf, und ließ sich sehr angenehm anfassen. Im Prinzip könnte deshalb sogar auf einen Griff verzichtet werden. Eine Verbrennungsgefahr jedenfalls besteht nicht.

Fingerabdrücke auf der Außenwand sind materialbedingt leicht sichtbar; die Kanne sollte deshalb von Zeit zu Zeit mit einem feinen Tuch abgewischt werden.

Filter

Was die Espro Press im Wesentlichen von der French Press unterscheidet, ist der Mikro-Filter, der eigentlich ein Doppelfilter ist. Beim Herunterdrücken hält der erste, etwas gröbere Filter („basket filter") den Kaffeesatz zurück, nur wenige Feinstoffe durchdringen ihn. Diese werden vom zweiten, wesentlich feineren Filter („disk filter") zurückgehalten. Das Ergebnis ist eine „ultra-clean cup" – sagt der Hersteller.

Der Boden des unteren Filters („basket filter") lässt sich bis auf knapp 5 mm über den Boden der Kannen-Innenwand herunterdrücken.

„Clean cup"

Trotz des doppelten Filters gelangt ein kleiner Teil der Feinstoffe in den Kaffee. Der Anteil ist allerdings deutlich geringer als bei einem French-Press-Kaffee und insgesamt so gering, dass er den Kaffeegenuss (zumindest aus meiner Perspektive) in keiner Weise trübt. Die perfekte „clean cup", wie der Hersteller verspricht, kann allerdings nicht erzeugt werden.

Füllmenge/Output
Die Gesamtbefüllmenge beträgt 520 g Wasser.

Was das Output, also den gebrühten Kaffee in der Tasse betrifft, so spricht der Hersteller auf der Website von „8 oz“, was knapp 237 ml bzw. ca. 227 g Kaffee entspricht. Auf dem Begleitzettel ist von „the 3-cup espro press“, also der „3-Tassen Espro Press“ die Rede. Das erscheint mir ein wenig verwirrend …

Eine Reihe von Tests zur Erfassung des Outputs an Kaffee, von denen ich einige repräsentative ausgewählt habe, führte zu folgenden Ergebnissen:

Erste Testreihe: Verwendung von 18 bis 22 g Kaffee und 300 g Wasser (Herstellerempfehlung: 22 g Kaffee, 300 ml Wasser)

1. Test

- Kaffeemenge: **22 g**
- Verwendeter Kaffee: Tanna (Vanuatu)
- Mahlgrad: grob (auf der Baratza Virtuoso Preciso Einstellung 35)
- Wassermenge: 300 g
- Aufgusstemperatur: 92 Grad Celsius
- Brühdauer: 4 min

Methode: Das oben auf dem Wasser stehende Kaffeemehl wurde nicht umgerührt; Filter aufgesetzt und schnell heruntergedrückt.

Output: 214 g Kaffee

Restkaffee in der Espro Press: 48 g*

2. Test

- Kaffeemenge: **18 g**
- Verwendeter Kaffee: Tanna (Vanuatu)
- Mahlgrad: grob (auf der Baratza Virtuoso Preciso Einstellung 35)

* Um festzustellen, wie viel Kaffee in der Espro Press nach dem Ausgießen zurückbleibt, wurde der Restkaffee durch einen Melitta-Filter gegossen und abgewogen.

- Wassermenge: 300 g
- Aufgusstemperatur: 92 Grad Celsius
- Brühdauer: 4 min

Methode: Das oben auf dem Wasser stehende Kaffeemehl wurde nicht umgerührt; Filter aufgesetzt und schnell herunter gedrückt.

Output: 214 g Kaffee

Restkaffee in der Espro Press: 50 g

3. Test

- Kaffeemenge: **18 g**
- Verwendeter Kaffee: Tanna (Vanuatu)
- Mahlgrad: grob (auf der Baratza Virtuoso Preciso Einstellung 35)
- Wassermenge: 300 g
- Aufgusstemperatur: 92 Grad Celsius
- Brühdauer: 4 min

Methode: Das oben auf dem Wasser stehende Kaffeemehl wurde **nach 2 min Brühzeit umgerührt.**

Output: 189 g Kaffee

Restkaffee in der Espro Press: 64 g

Fazit:
Es bleiben jeweils zwischen 48 und 64 g Kaffee in der Espro Press zurück! Dieser Kaffee lässt sich nicht aus der Kanne ausgießen! Grund: Durch die Konstruktion des Filters ist unter dem „disk filter“ ein etwas zu großer Freiraum, in dem nicht nur, wie auf der Produktabbildung dargestellt, Kaffeesatz, sondern auch Kaffee Platz hat. Beim Kippen der Espro Press zum Ausgießen bleibt der Kaffee in diesem Freiraum sitzen.

Wird das Kaffeemehl vor dem Herunterdrücken umgerührt, sinkt es komplett *auf den Boden der Kanne* ab; in diesem Fall bleibt der Filter auf dem Kaffeesatz stehen, er lässt sich nicht vollständig herunterdrücken. Dadurch entsteht ein deutlich größerer Freiraum zum „disk filter“, der sich mit Kaffee füllt. Dieser Umstand ist daran erkennbar, dass der Stempel des Filters um ca. 0,5 cm nach oben herausragt – ein klares Indiz dafür, dass der Filter sich nicht ganz herunterdrücken lässt. Wird das Kaffeemehl hingegen nicht umgerührt und der Filter vorsichtig heruntergedrückt, bleibt es direkt unter dem oberen Filter („disk filter“) als Kaffeesatz hängen. Es bleibt somit unter dem „disk filter“ weniger Freiraum für Kaffee.

Das Problem ist nun, dass das Kaffeemehl auf jeden Fall um- oder zumindest untergerührt werden sollte (wie generell bei allen vergleichbaren Brühverfahren). Nur so kann das gesamte Kaffeemehl gut mit Wasser durchtränkt und möglichst gleichmäßig extrahiert werden. Die Folge ist allerdings eine geringere Kaffee-Ausbeute als bei einem Verzicht auf das Umrühren. Der Anwender hat demzufolge die Wahl: Höhere Extraktion, aber geringere Kaffeemenge, oder geringere Extraktion, aber größere Kaffeemenge.

Die vom Hersteller genannten „8 oz“, also 236 ml/226 g Kaffee wurden in den Tests nur annähernd erreicht, und dies auch nur dann, wenn das Kaffeemehl *nicht umgerührt* wurde. Die erzielten 189 g Kaffee beim Umrühren des Kaffeemehls lagen hingegen weit von den „8 oz“ des Herstellers entfernt. Und wieso auf dem Begleitzettel der Espro Press von einer „3-cup espro press“ gesprochen wird, ist mir ehrlich gesagt ein Rätsel.

Es stellt sich nun die Frage, ob es eine Möglichkeit gibt, bei größtmöglicher Extraktion (d. h. durch Umrühren des Kaffeemehls) eine höhere Kaffee-Ausbeute zu erzielen als in den bisherigen, sich an den Herstellerangaben orientierten Tests.

<u>Zweite Testreihe:</u> Verwendung einer größeren Wassermenge (>300 g)

1., 2. und 3.Test

- Kaffeemenge: **22 g**
- Verwendeter Kaffee: Tanna (Vanuatu)
- Mahlgrad: grob (auf der Baratza Virtuoso Preciso Einstellung 35)

- **Wassermenge: 445 g/410 g/390 g** (maximale Füllmenge; das aufquellende Kaffeemehl erreichte den oberen Rand der Espro Press)
- Aufgusstemperatur: 92 Grad Celsius
- Brühdauer: 4 min

Methode: Das oben auf dem Wasser stehende Kaffeemehl wurde **nach 2 min Brühzeit umgerührt**.

Fazit:
Beim Herunterdrücken des Filters setzt sich sofort Kaffeemehl auf den oberen *„disk filter"*. Dieses Kaffeemehl findet sich später in der Tasse wieder. Eine Befüllmenge von >390 g ist damit eindeutig zu groß. Auf eine Messung der erzeugten Kaffeemenge wurde deshalb verzichtet.

4. Test

- Kaffeemenge: **23 g**
- Verwendeter Kaffee: Tanna (Vanuatu)
- Mahlgrad: grob (auf der Baratza Virtuoso Preciso Einstellung 35)
- Wassermenge: **350 g**
- Aufgusstemperatur: 92 Grad Celsius
- Brühdauer: 4 min

Methode: Das oben auf dem Wasser stehende Kaffeemehl wurde nach 1 min vorsichtig mit einem Löffel untergehoben. Das gesamte Kaffeemehl war gut durchtränkt, nur ein Teil der Kaffeepartikel sank auf den Boden ab.

Output: 242 g Kaffee

Restkaffee in der Espro Press: 55 g

Fazit Test 4:
Es setzt sich kein Kaffeemehl auf dem Filter ab, der Kaffee ist „clean". Der Restkaffee ist mit 55 g um 7 g höher als in Test 1 (22 g Kaffee, 300 g Wasser, kein Umrühren), da aber statt 300 g Wasser 350 g verwendet wurden, war die Kaffee-Ausbeute mit 242 g um durchschnittlich 28 g deutlich höher! Die Verwendung von mehr Wasser (und 1 g mehr Kaffee) zahlt sich in der Tasse

aus, die angegebenen „8 oz“ des Herstellers wurden sogar übertroffen!

5. Test

- Kaffeemenge: **23 g**
- Verwendeter Kaffee: Tanna (Vanuatu)
- Mahlgrad: grob (auf der Baratza Virtuoso Preciso Einstellung 35)
- Wassermenge: 350 g
- Aufgusstemperatur: 92 Grad Celsius
- Brühdauer: 4 min

Methode: Das oben auf dem Wasser stehende Kaffeemehl wurde nicht umgerührt.

Output: 254 g Kaffee

Restkaffee in der Espro Press: 48 g

Fazit Test 5:
Es setzt sich kein Kaffeemehl auf dem Filter ab, der Kaffee ist „clean“. Der Restkaffee entsprach mit 48 g dem in der ersten Testreihe, da aber statt 300 g Wasser jetzt 350 g verwendet wurden, war die Kaffee-Ausbeute mit 254 g um durchschnittlich 40 g deutlich höher! Die Verwendung von mehr Wasser (und 1 g mehr Kaffee) übertraf die angegebenen „8 oz“ des Herstellers!

Zusammenfassung der Output-Tests
Je nach dem, ob das Kaffeemehl umgerührt, nicht umgerührt bzw. untergehoben wurde, ergab sich ein unterschiedliches Verhältnis zwischen ausgeschenktem Kaffee und Restkaffee in der Espro Press. Eine Output-Kontrolltestreihe ergab unter Verwendung von 23 g und 350 g Wasser folgende Durchschnittswerte:

Ohne Umrühren: ausgeschenkter Kaffee/Restkaffee in der Espro Press **252/47 g**; Gesamtkaffeemenge: **299 g**

Unterheben: ausgeschenkter Kaffee/Restkaffee in der Espro Press **242/55 g**; Gesamtkaffeemenge: **297 g**

Umrühren: ausgeschenkter Kaffee/Restkaffee in der Espro Press **230/63 g**;

Gesamtkaffeemenge: **293 g**

Es zeigt sich klar und deutlich: Je stärker das Kaffeemehl im Verlaufe der Brühzeit umgerührt wird, desto mehr Kaffeepartikel sinken auf den Boden. In der Folge kann der Filter entsprechend weniger heruntergedrückt werden, da der Filter auf dem abgesunkenen Kaffeesatz aufsetzt. Da nun mehr Kaffeesatz *unter* dem „basket filter" liegt, ist zwischen dem „disk filter" und dem Kaffeesatz dementsprechend mehr Platz für Kaffee (der natürlich auch *im* „basket filter" steht!). Dieser Kaffee lässt sich jedoch aufgrund der Filterkonstruktion nicht ausschenken und bleibt als Restkaffee in der Espro Press zurück.

Ob der Verzicht von 47 bis 63 g Kaffee pro Zubereitung zugunsten eines Kaffees „with all of the delicate flavours and aromas that express your coffee" in Kauf genommen werden sollte oder nicht, muss jeder für sich selbst entscheiden. Aber wie schmeckt nun der Kaffee aus der Espro Press und wie wirken sich die unterschiedlichen Brühmethoden (umrühren, unterheben, nicht umrühren) geschmacklich aus?

Geschmack

Vergleichstests mit der Frech Press und dem Handfilteraufguss ergaben, dass die Espro Press exakt zwischen diesen beiden Zubereitungsformen liegt. Unter Verwendung der jeweils gleichen Brühmethode lässt sich ganz allgemein sagen: Der Körper ist etwas leichter als bei der French Press, da die Feinstoffe weitgehend ausgefiltert werden (dafür ist der Geschmack stärker als bei der French Press), und der Geschmack ist etwas schwächer als beim Handfilteraufguss, da er durch die den Filter durchströmenden Öle etwas abgedeckt wird (dafür ist der Körper größer als beim Handfilteraufguss). Der Kaffee ist sehr ausbalanciert und harmonisch. Alles in allem ein geschmacklich sehr interessantes Gesamtergebnis.

Die verwendeten Methoden des Umrührens, Nicht-Umrührens resp. Unterhebens des Kaffeemehls wirken sich geschmacklich wie folgt aus:

1. Ohne Umrühren: **geringste Extraktion; der Charakter des Kaffees ist erkennbar, aber etwas schwach im Ausdruck;**

Verhältnis Ausschank/Restkaffee: **252/47 g**

2. Unterheben: **gute bis sehr gute Extraktion, schöne Balance, der Charakter des Kaffees kommt sehr gut und deutlich hervor;** Verhältnis Ausschank/Restkaffee: **242/55 g**
3. Umrühren: **größte Extraktion, schöne Balance, stark im Charakter;** Verhältnis Ausschank/Restkaffee: **230/63 g**

Der geschmackliche Unterschied von „Unterheben“ und „Umrühren“ einerseits zu „ohne Umrühren“ andererseits ist deutlich höher als der Unterschied zwischen „Unterheben“ und „Umrühren“. Da beim „Unterheben“ die Kaffee-Ausbeute mit 242 g höher ist als beim „Umrühren“ (230 g), macht es aus meiner Perspektive Sinn, bei der Espro Press die Methode des „Unterhebens“ zu verwenden. Bei dieser Methode hält sich die Restkaffeemenge im Vergleich zur Kaffee-Ausbeute in Grenzen, und das Geschmackserlebnis bewegt sich nahe am Optimum.

Reinigung
Die Reinigung geht schnell und unterscheidet sich von der French Press nur dadurch, dass der Filter der Espro Press deutlich einfacher abzuspülen ist. Von Zeit zu Zeit sollte man den leicht aufzuschraubenden Filter öffnen und kurz durchspülen.

Gesamt-Fazit
Die Espro Press liefert unter Verwendung eines guten Spezialitätenkaffees und der Berücksichtigung der für eine optimale Extraktion wichtigen Parameter bezüglich Wassertemperatur, Kaffee-Wasser-Verhältnis, Mahlgrad, Brühdauer etc. einen geschmacklich sehr interessanten Kaffee, der zwischen French Press und Filterkaffee anzusiedeln ist. Sie ist einfach zu handhaben, verbraucht außer zum Kochen des Wassers keinen Strom und ist unkompliziert zu reinigen. Und last *but not* least: In jeder Küche setzt sie einen kleinen, optischen Glanzpunkt.

Bei Anwendung der Methode des „einmaligen Unterhebens des Kaffeemehls während des Brühprozesses“, bei der das Verhältnis zwischen Kaffeeausbeute und in der Kanne zurückbleibendem Restkaffee in einem akzeptablen Verhältnis stehen, ist die Espro Press für mich persönlich überzeugend und rechtfertigt ihren Preis von 79 Euro.

Die neue 1-Liter-Espro Press: Entwicklungsförderung auf Kickstarter

19.12.2011

Nachdem die auch von uns angebotene Espro Press[1] allerorts äußerst gut ankam, hat sich ein Jahr nach deren Einführung der kanadische Hersteller Espro entschieden, eine größere Variante zu entwickeln. Neben der 350 ml-Kanne wird es ab Frühjahr nächsten Jahres zusätzlich eine Variante mit 30 oz, d. h. knapp 900 ml geben. Die größere Ausführung wird ebenfalls mit der hoch isolierenden Edelstahl-Doppelwand aufwarten und mit dem patentierten doppelten Mikrofilter ausgestattet sein.

Entwicklungen sind bekanntlich aber teuer.

Um wenigstens einen Teil der anfallenden Kosten zu decken, hat das kleine Unternehmen Espro sein Entwicklungsprojekt auf Kickstarter[2] gestellt. Kickstarter ist die größte Plattform für Projektförderungen im Internet. Dort müssen für die Espro Press bis zum 24. Januar 2012 Garantien von mindestens 15.000 Dollar gegeben sein, damit das Projekt über diesen Weg zusätzlich finanziert werden kann. Erst wenn der Mindestbetrag bis zu diesem Stichtag garantiert ist, wird die Projektförderung von Kickstarter freigegeben, d. h. erst dann werden die einzelnen Förderbeträge von deren jeweiligen Kreditkarten abgebucht. Wird der Mindestbetrag bis zum Stichtag *nicht* erreicht, passiert gar nichts: Der Projektinitiator, in diesem Falle Espro, bekommt nichts, und von keiner Kreditkarte wird etwas abgebucht.

Förderer können von 1 Dollar aufwärts jeden beliebigen Betrag wählen, um die Entwicklung zu unterstützen. Die Förderung soll aber nicht umsonst sein. Gestaffelt nach Förderhöhen gibt es Belohnungen: ab 35 Dollar eine Packung mit 12 oz (ca. 350 g) Spezialitätenkaffee, ab 85 Dollar einen 14-prozentigen Rabatt auf die neue Espro Press etc.

Beim Schreiben dieser Zeilen am 19. Dezember 2011 waren bereits Garantien für über 8.000 Dollar bei Kickstarter eingegangen. Es sieht also

---

1 www.espro.ca

2 www.kickstarter.com

ganz danach aus, dass Espro eine „Community-Finanzspritze“ erhält, die es erleichtert, mit der größeren Espro Press in die Produktion zu gehen. Und desto mehr sich beteiligen, umso höher ist die Wahrscheinlichkeit, dass sie termingerecht auf den Markt kommt. Der Prototyp jedenfalls ist schon fertig![1]

1 Nachtrag: In einem späteren Blog-Artikel konnte ich am 25.01.2012 vermelden: „**Sensationelles Ergebnis auf Kickstarter:** ... Für die Entwicklung und Produktion der neuen, 900 ml fassenden Espro Press kamen bei dem gestern auf Kickstarter ausgelaufenen Förder-Projekt sage und schreibe **83.693 Dollar** zusammen! Planziel, das sollte nochmals in Erinnerung gerufen werden, waren lediglich 15.000 Dollar! Insgesamt 714 Förderer („Backers“), haben zu diesem großartigen Ergebnis beigetragen.“

Kapitel 3

Zwischen Exklusivität und Schmuggelware

„Kaffee kommt aus Brasilien und Kolumbien!“, lautete bis Mitte des vergangenen Jahrzehnts die Antwort auf meine „Behauptung“, der Yirgacheffe-Kaffee sei aus Äthiopien.

„In Äthiopien gibt es keinen Kaffee!“, hörte ich, wo auch immer ich versuchte ihn an Mann und Frau zu bringen, Punkt! Mann und Frau hatten ihre Meinung!

„Irrtum! Da kommt er ursprünglich sogar her!“, konterte ich. „Der Arabica-Kaffee!“

„Und wieso ist Ihr Kaffee so teuer, wenn er aus Äthiopien kommt?“ „Eben *weil* er von dort kommt!“

Na ja, nach einer Weile hatte ich bessere Argumente, Argumente, die ich heute glücklicherweise nicht mehr brauche. Es hat sich viel getan seit meinen frühen „Yirgacheffe-Tagen“: Das Bewusstsein für bessere Roh- und Röstkaffeequalitäten ist gewachsen, es gibt immer mehr Spezialitätenkaffee-Röster, immer mehr Produzenten treten ins Licht der Öffentlichkeit. Und dass Kaffee in Äthiopien angebaut wird, dort sogar wild wächst, gehört mittlerweile zum Allgemeinwissen. Dass auch in der Südsee, in Laos oder Nepal die Früchte des Kaffeebaums geerntet werden, mag vielleicht noch nicht so bekannt sein; aber auch das ist nur eine Frage der Zeit.

Wie groß, spannend, vielfältig, undurchsichtig und verschlungen die Welt der Spezialitätenkaffees inzwischen geworden ist, darüber berichte ich in Auszügen auf den nachfolgenden Seiten.

Mit Tom Owen (Sweet Maria's) und George Howell (George Howell Coffee Company) auf Sumatra

08.11.2011

Was kann man erwarten, wenn man mit Tom Owen von Sweet Maria's[1] und George Howell von der George Howell Coffee Company[2] kaffeemäßig unterwegs ist, z. B. auf Sumatra? Tom Owen ist der bekannteste Rohkaffee-Lieferanten für Heimröster und zunehmend auch für Spezialitätenröster in den USA und beständig rund um die Welt unterwegs, um die wirklich guten Kaffees zu finden. Und George Howell ist ein Urgestein der amerikanischen Spezialitätenbewegung, einst Inhaber der von Starbucks geschluckten Coffee Connection, Co-Founder des Cup of Excellence[3] und vielem mehr.

Um es gleich vorwegzunehmen: Die Reise brachte mehr als erwartet! Und meine Erwartungen waren, um ehrlich zu sein, sehr hoch! Denn die Reise war eine Einladung seitens SEGA (Sustainable Economic Growth of Aceh), einem IOM-(International Organization for Migration)Projekt im Gayo Hochland von Aceh, und gefragt war unsere dezidierte Käufer-Meinung zum Qualitätsstand des im Projekt-Rahmen erzeugten Kaffees.

Auf der Suche nach geeigneten Begleitern (die Anfrage kam zunächst an mich, verbunden mit der Möglichkeit, „zwei oder drei Kollegen mitzubringen"), hatte ich eine Wunschliste mit für das Unterfangen geeigneten Kandidaten zusammengestellt. Die Kandidaten sollten umfangreiche Cupping- und Kaffeeanbau-Erfahrung haben, ggf. schon auf Sumatra gewesen sein, und sie sollten vor allem über ein hohes sozio-kulturelles und zwischenmenschliches Einfühlungsvermögen verfügen. George und Tom, die ganz oben auf meiner Liste standen, haben direkt zugesagt, und da alle anderen zum festgelegten Zeitpunkt bereits anderweitig gebunden waren, blieb es beim „Dreigestirn" von Tom, George und mir. Das heißt nicht ganz: Es war

1 www.sweetmarias.com

2 www.terroircoffee.com

3 www.cupofexcellence.org; www.examiner.com/coffee-in-national/george-howell-and-the-cup-of-excellence

letztlich ein „Viergestirn", denn Georges Frau Laurie war als Privatreisende mit im Boot (oder besser in einem der zahlreichen Flug- und Fahrzeuge, mit denen wir zwei Wochen lang unterwegs waren).

Unsere Reise bestand aus zwei Teilen: Dem offiziellen in Aceh, und dem privat angehängten ins Anbaugebiet Lintong. Was wir alles bei diesem hoch spannenden Aufenthalt in der letzten September- und ersten Oktoberwoche erlebt, gelernt und empfohlen haben, darüber berichte ich in späteren Artikeln.[1]

---

1 Anm. 20.05.2012: Die Artikel sind noch immer nicht zu Ende geschrieben. Die vielen Ungereimtheiten in der (historischen) Kaffeeproduktion auf Sumatra, denen wir überall vor Ort begegneten, haben mich immer mehr mit diesem Thema beschäftigen lassen und inzwischen zu einer solch umfangreichen und spannenden Materialfülle geführt, dass das Blog nicht mehr das geeignete Medium für die Aufarbeitung der Reise und des gesammelten Materials ist.

Gayo, Mandheling, Lintong: Sumatra-Kaffees im Vergleich

10.01.2012

Die letzten Tage habe ich damit verbracht, Sumatra-Kaffees aus der aktuellen, je nach Region im September oder Oktober begonnenen Ernte zu verkosten. Jeden der aus den Anbaugebieten Aceh und Lintong stammenden Kaffees habe ich Ende November und Anfang Dezember innerhalb von zehn Tagen viermal verkostet. Ich wollte sehen, wie sie sich im Verlauf der Zeit jeweils verändern und insgesamt miteinander vergleichen lassen. Die Ergebnisse bargen einige Überraschungen.

Die verkosteten Kaffees habe ich z. T. von meiner Sumatra-Reise im vergangenen Herbst mitgebracht, andere wurden mir nachträglich von Volkopi[1] zugeschickt. Die Muster waren im Einzelnen:

- ein Fairtrade-zertifizierter Kaffee der **Gayo Mandiri Kooperative** (Aceh)
- ein Grade 1 der **CV Sumatra Jaya Coffee** (Aceh)
- ein **Lake Tawar** (Aceh, von Volkopi erhalten)
- ein **Aceh Gold** (Aceh, von Volkopi erhalten)
- ein **Tabarita Peaberry** (Lintong, von Volkopi erhalten)
- ein **Aged Peaberry** (Lintong?; von Volkopi erhalten).

Alle Kaffees sind Blends aus verschiedenen Varietäten, vornehmlich Catimor (Ateng-Jaluk), Tim Tim, Bor Bor und einigen wenigen anderen. Die Kaffees waren alle sehr frisch und – für Sumatra-Kaffees, wie sie später bei den Importeuren bzw. Röstern ankommen, gemeinhin nicht üblich – sehr säurebetont.

Wie nicht anders bei Sumatra-Kaffees zu erwarten, wiesen alle Kaffees eine mehr oder weniger hohe Zahl an Defekten auf. Doch es gab auch zwei Ausnahmen. Die höchste Zahl in jeweils einem 30-g-Sample wies mit 92 defekten Bohnen der Fair Trade Kaffee der Gayo Mandiri Cooperative auf,

1 www.volcafe.ch/contacts/asia.html

die mit Abstand geringste Zahl hatte mit 8 defekten Bohnen der Tabarita und mit nur 5 defekten Bohnen der Aged Peaberry. Es handelt sich dabei nicht um volle (primäre), sondern vorzugsweise um geringfügige Defekte wie leichten Insektenfraß (in der Regel Kaffeebohrer) oder sogenannte Ziegen- bzw. Schafsklaue-Bohnen. Diese Ziegen- oder Schafsklaue-Bohnen (*Kuku Kambing*) sind ein Resultat des in Sumatra dominierend angewendeten „wet hulling". Bei dieser Processing-Form erfolgt das maschinelle Entfernen der Parchments in noch sehr feuchtem, man könnte sagen „aufgequollenem" Zustand der Bohnen (40 bis 50% Feuchtigkeitsgehalt), und größere Bohnen werden bei nicht optimal eingestellten Schälmaschinen zerquetscht, platzen an einem Ende auf und erinnern in ihrer Form an eine Ziegen- oder Schafsklaue. Die Gefahr bei einer solchen Art von Defekt ist allerdings, dass an den aufgeplatzten Stellen Pilzsporen und Bakterien eindringen und schwerwiegendere Defekte verursachen können.

Zusammengefasst ergab die Verkostung folgendes Bild:

Lake Tawar (Aceh; Volkopi): Dieser Kaffee erwies sich als äußerst problematisch. Der Duft war (trocken und nach dem Aufbrechen) „dirty fruity" und erinnerte an muffiges Marzipan. Der Geschmack war feucht-erdig, modrig, und ein unangenehm bitterer Nachgeschmack blieb lange haften. Es zeigte sich keine (positive) Veränderung über die Zeit, weshalb dieser Kaffee mit Abstand das Schlusslicht bildete.

Gayo Mandiri Kooperative (Aceh): Der Kaffee entwickelte sich im Laufe der Zeit deutlich zu seinen Gunsten! Drängten sich anfangs, vor allem im abgekühlten Stadium, die Defekte in den Vordergrund (muffig, erdig, moosig), so dominierte nach und nach die leicht prickelnde Säure. Der Kaffee balancierte sich regelrecht ein und das „Dreckige" spielte zum Schluss quasi nur noch die „Hintergrundmusik". Angenehm war der samtige, sirupartige Körper, und hätte der Kaffee insgesamt mehr Süße gehabt, wäre er sicher auf einem der vorderen Ränge gelandet.

CV Sumatra Jaya Coffee (Aceh): Überzeugt hat mich die weitgehende Konstanz über die vier Verkostungsstadien. Die größten Auffälligkeiten dabei waren: gute Balance, guter Körper, samtiges Mundgefühl, schöne Süße. Der für Sumatra-Kaffees typisch herbal-erdige Geschmack war nur einmal kurz, überraschenderweise in einem noch sehr warmen Stadium vorhanden, verlor sich dann aber gleich. Trotz des Fehlens dieses Herbal-erdigen war er sofort als Sumatra-Kaffee identifizierbar, und wegen der deutlichen Süße und des angenehmen Mundgefühls als einer der eindeutig besseren einzustufen.

Aceh Gold (Aceh, Volkopi): Dieser Kaffee entsprach am meisten dem, was man sich gemeinhin unter einem typischen Sumatra, oder präziser, einem typischen Mandheling vorstellt: Voller Körper, angenehme Süße, herbal-„dreckig"-erdige Untertöne. Die Säure war auf Grund seiner extremen Frische noch sehr intensiv, wird in einigen Monaten aber deutlich schwächer sein, weshalb der Kaffee dann mit Sicherheit deutlich stärker ausgewogen sein wird. Ein für Mandheling-Liebhaber empfehlenswerter Kaffee.

Tabarita Peaberry (Lintong, Volkopi): Der Top-Kaffee dieser Serie! Die geringe Zahl an Defekten machte sich deutlich positiv bemerkbar (anderen wäre der Kaffee für einen Sumatra möglicherweise zu sauber, zu wenig erdig etc.). Bestechend sind bei diesem Kaffee die enorme Konstanz vom ersten bis zum letzten Tag sowie die geballte Süße; „super sweet" habe ich notiert. Diese Süße bestach schon beim Geruch des trockenen Kaffeepulvers. Die typisch herbale Note war auch vorhanden, aber dezent.

Schon beim ersten Einatmen verriet der Kaffee seine hohe Komplexität. Die Säure war prickelnd und klar, der Körper gut, wenn auch nicht ganz so voluminös wie bei den vorausgegangenen Kaffees. Der Abgang war dafür umso intensiver und anhaltend. Der Tabarita ist insgesamt ein Kaffee, der meines Wissens bisher in Europa nicht erhältlich ist, den ich aber sofort kaufen würde – vorausgesetzt, die Containerware entspricht dem, was ich als Muster hier vorliegen habe! Erwähnt werden muss aber noch, dass es sich nicht um reine Peaberries, sondern vielmehr um einen Mix aus Peaberries und sehr kleinen Bohnen handelt!

Aged Peaberry (Lintong?; Volkopi). Dieser Kaffee hat mich überrascht, vor allem, weil ich ihn, wie alle Muster, relativ hell geröstet hatte. Ich hätte eher rustikalere Noten von dunkler, bitter-süßer Schokolade, Tabak, Holz und Gewürzen erwartet, und natürlich waren sie alle da (beim trockenen Pulver schrieb ich sogar „wüster Gemüsegarten“), aber irgendwie schienen sie gut miteinander zu harmonieren. Ich will nicht sagen, dass „aged coffees“ mein Ding sind, aber darum geht es schließlich nicht. Doch die vorhandene Süße, der nicht unangenehme Abgang und der leicht sirupartige Körper ergaben einen Kaffee, der bei mir alles in allem einen zwar irritierenden, aber positiven Eindruck hinterließ. Der Kaffee brauchte allerdings fast die gesamten zehn Tage, bis die Harmonisierung eingetreten war.

Fazit:
Die sechs verkosteten Kaffees wiesen ein großes Qualitätsspektrum auf. Alle entsprachen mehr oder weniger dem, was inzwischen und gemeinhin von einem Sumatra-Arabica erwartet wir: vollmundig, herbal-erdig, etwas unsauber, „dreckig“. Am stärksten war die beim Aceh Gold von Volkopi der Fall, am schwächsten beim Tabarita Peaberry, ebenfalls von Volkopi. Dazu gehört nicht zuletzt noch eine mittlere bis geringe Säure, die aber naturgemäß mit Ausnahme des „aged peaberry“ auf Grund der Frische der Kaffees noch sehr intensiv war.

Auf eine Punktvergabe habe ich bewusst verzichtet. Ich bin nach wie vor überzeugt, dass die Sumatra-Arabicas ihr eigenes Bewertungssystem brauchen! Denn wie soll man Kaffees, bei denen für die Erlangung eines bestimmten Geschmackprofils Defekte notwendig sind, mit Kaffees vergleichen, bei denen das genaue Gegenteil der Fall ist?

Eine Woche im Kaffee-Paradies.
Zu Besuch bei Sweet Maria's, Kalifornien

05.01.2012
Wer sich auf der Suche nach Spezialitätenkaffees, nach Equipment für das häusliche Kaffeerösten oder Informationen über Kaffee-Anbauländer durchs Internet googelt, der wird eher früher als später auf der Website von Sweet Maria's landen. Die Website ist enorm umfangreich, detailverliebt und hat das, was vielen Seiten in der virtuellen Welt fehlt: die Identifikation von Inhalt mit der dafür verantwortlichen Person.

Auch ich bin wieder bei Sweet Maria's gelandet; dieses Mal allerdings nicht auf der Website, sondern beim größten Versandhaus für Heimrösterbedarf der USA selbst. Seit Jahren schon hat es mich gereizt, einen Blick hinter die Kulissen dieses Unternehmens zu werfen. Vor einigen Wochen war es endlich so weit; und das kam so:

Im Herbst 2011 unternahm ich, stellvertretend für Maskal – fine coffee company, mit George Howell von der George Howell Coffee Company[1] (Acton, Massachusetts) und Tom Owen von Sweet Maria's[2] (Oakland, Kalifornien) eine gemeinsame Reise nach Sumatra[3]. Zuhause hatte ich noch ein ungenutztes Ticket nach San Francisco liegen, und so war es so nahe liegend wie Oakland zu San Francisco, einen Besuch bei Tom in Kalifornien zu verabreden.

Eine erste Gelegenheit ergab sich in der zweiten Dezemberwoche 2011. Der Winter hielt an meinem Wohnort Ottawa bereits Einzug, wovon nach einem 12-Stunden-Flug via Detroit und Los Angeles nach San Francisco nichts mehr zu spüren war. Der Winter schien in einem Erdloch verschwunden.

Am frühen Abend holten mich Tom und der vierjährige Ben kurzärmelig an der Bay Area Rapid Transit-7th Station in West Oakland ab. Das Hallo war so

---

1 www.terroircoffee.com

2 www.sweetmarias.com

3 Siehe ersten Artikel in Kapitel 3

groß wie der Hunger, der Durst und die Müdigkeit, was einen relaxten Bier-Pizza-Sofa-Abend mit Tom, Ben und Maria versprach. Die Pizza war zwar ein Fisch mit Reis, aber beides war mindestens genauso gut wie das Bier und der komfortable Stuhl (das Sofa war leider Hoheitsgebiet der beiden Hunde Sweety und Video).

Das erste Staunen

Das erste, worüber man dann staunt, wenn man am nächsten Morgen von Toms und „sweet“ Marias Wohnung durch den kleinen Brauraum (Bierbrauen ist neben ist neben Surfen, Motorradfahren und Fotografieren eine von Toms zahlreichen Leidenschaften) ins Warenlager geht, ist das Warenlager selbst. Ok, die 15 Jahre alte Sweet-Maria's-Website für Heimröster und die noch junge Coffee-Shrub-Website[1] für Spezialitätenröster lassen erahnen, dass hier einiges an Rohkaffee deponiert sein muss. Dass aber das Lager so groß, so hoch, und inzwischen schon wieder zu klein ist, nein, das habe ich dann doch nicht erwartet.

Und da sitzen sie alle in Reih und Glied, die feinen und feinsten Kaffees: Guatemala Antigua Hacienda Carmona Pulcal, Guatemala Huehuetenanga Finca Rosma, Panama Boquete Garrido Estate Lot 26-29, Sumatra Tabarita Peaberry, Costa Rica Don Mayo, Costa Rica Caturra de Zarcero, El Salvador Montanita Bourbon, Kenya AA Kanguru, Ethiopia Haro Sana, um nur die zu nennen, die, mit Blick auf das große Eingangstor, in der hinteren rechten Ecke palettenweise gestapelt sind. Eigentlich bin ich aber auf dem Weg, mir einen Frühstückskaffee zu holen.

Der Mannschafts-Manager

Diesen Kaffee, mal auf einem Behmor-Heimröster, mal auf der betriebseigenen 12-kg-Probat-Maschine geröstet, bereitet allmorgendlich Josh in der von allen geliebten Moccamaster zu. „Heute habe ich einen Indian Seethargundu und einen Costa Rica Los Nascientes gemacht“, sagt Josh mit küchenraumerfüllendem Stolz. „Ich habe sie gestern erst geröstet. Vielleicht noch ein bisschen zu frisch!“ Josh hat die Statur eines Verteidigers des

1 http://www.coffeeshrub.com/shrub/content/coffee-shrub

Golden Bears-Basketball-Teams, und die zahlreichen Kaffeesäcke, die er täglich von Trucks auf Paletten und von Paletten auf den Boden wuchtet, muten in seinen stählernen Armen an wie daunengefüllte Kopfkissen.

Josh ist der „Operation-Manager“, verantwortlich dafür, dass von der Anlieferung der Kaffees bis zur Abholung der paketbefüllten Paletten alles reibungslos abläuft. Ein Manager, der ständig in Bewegung ist, der delegiert und anpackt, der morgens als Erster kommt und abends als Letzter geht. Ein Manager, der den Mannschaftskaffee macht.

Doch auch Männer mit Stahl in den Armen gehen in die Knie. Das Pensum schlaucht. Er spricht mit Tom. Abends schaffe er es gerade noch, sich am Fernseher ein Basketballspiel anzuschauen. Die Freundin beklage sich auch schon. Doch das ist nicht neu. Das ist jedes Jahr so; in der Hochsaison, von Mitte November bis Ende Januar, wenn durchschnittlich 2200 Bestellungen pro Woche eintreffen. Das will bewältigt werden. Tom verspricht ihm ein paar freie Tage; aber diese und nächste Woche sei nichts zu machen. Aber vielleicht danach.

Ich habe mich übrigens für den indischen Seethargundu entschieden. In der Tat ein wenig frisch. Aber ich würde einiges dafür hinlegen, in einem Café oder Coffee Shop etwas nur annähernd Vergleichbares in der Tasse zu haben.

Hier spielt die Musik

7:30 Uhr, inzwischen sind alle Mitarbeiter und Mitarbeiterinnen eingetroffen. Die Handgriffe sind eingespielt, jeder weiß, was er zu tun hat. Niemand redet. Wozu auch. Die 15-köpfige Mannschaft arbeitet seit Jahren zusammen. Dan, der in ruhigeren Zeiten als abstinenter Rock 'n' Roller durch die Lande zieht (die Band hat auch schon in Frankfurt und Hamburg gastiert), wurde zuletzt eingestellt. Das war vor drei Jahren. Guter Kaffee scheint den Mannschaftsgeist zu beflügeln.

Schlagartig wird es laut: „It's aaalriiight nowow, baby it's aaalriiight nooow!“. Ein sicheres Zeichen, dass Tom in seinem Reich angelangt ist: in seinem aus zahlreichen YouTube-Videos bekannten Verkostungszimmer im ersten Stock.

„Gimme gimme some lovin …“ Wer bei „Sweet Maria's“ arbeitet, muss Musik mögen. Sie füllt nonstop die große Halle, iPod-gespeist über 3 kleinere und größere Lautsprecher. Aber die meisten Mitarbeiter stört das nicht. Sie hören die Musik nicht einmal. Sie haben ihre eigene: iPod-gespeist über kleinere und größere Headsets. Sie füllt nonstop ihre Ohren.

Die Seele eines Kaffees

Einer der Gründe für meinen Besuch hier war es, möglichst viele Kaffees zu verkosten. Deshalb legten wir in dem musealen, mit Kaffeezubereitungsutensilien aus aller Welt und von allen nur denkbaren Herstellern überfüllten Verkostungszimmer gleich los. Die Kaffees für heute waren im drei-trommeligen Probat-Musterröster bereits in den Tagen zuvor geröstet worden. Ein Teil der Kaffees ist bereits gekauft und soll auf die Website gestellt werden; sie müssen detailliert beschrieben werden. Andere sind zugeschickte Muster, deren Bewertung über Kauf oder Nicht-Kauf entscheidet. Auch sie müssen detailliert beschrieben werden. Das ist bei Tom, der hierbei in eine Tiefe und epische Breite geht wie kaum ein anderer, ein Prozess über viele Tage. Die Seele eines Kaffees muss verstanden werden.

Vier Runden gehen am diesem Tag über unsere Zungen und durch unsere Nasen. Immer und immer wieder, vom warmen Zustand über mehrere Stadien des Abkühlens werden Aroma, Säure, Körper, Geschmack etc. sensorisch bewertet, und es wird geprüft, ob die Kaffees Defekte aufweisen, ob sie bereits altern und ob und wie sie sich während des Abkühlens geschmacklich verändern. Kaffees können sich in den Tagen und Wochen nach dem Rösten deutlich, zum Teil dramatisch verändern; Verkostungen im Abstand mehrerer Tage machen deshalb, Aufwand hin oder her, absoluten Sinn.

Die erste Runde sind Kaffees eines Produzenten aus El Salvador. Kleine Lots desselben Kaffees in verschiedenen Verarbeitungsformen: traditionell gewaschen, Kenya-processed, Sumatra-wet-hulled, honey-processed, natural. Aber die Kaffees werfen mehr Fragen auf, als dass sie Antworten geben.

Es folgen gewaschene, gestern eingetroffene Kaffees von fünf Kooperativen in Südwest-Äthiopien. Es sind Kaffees der noch laufenden Ernte und zu frisch, als dass sich schon ein Urteil fällen ließe. Erster Eindruck: Alles sauber verarbeitete Kaffees, die ruhen müssen, um ihr Potenzial zu entwickeln.

Tom notiert erste Eindrücke. Die Kaffees nochmals über die Zunge rollen lassen, ausspucken, schreiben. Seine Sinne sind geschult. Autodidaktisch. Ein einziges Mal in drei Tagen greift er zu einem der bekannten Aromenfläschchen von Jean Lenoir; die Mehrzahl von ihnen ist mit einer Staubschicht überzogen.

Die nächste Runde auf dem Tisch sind Kaffees aus Kolumbien, von Felix Guzman, Oscar Gutierrez und weiteren Produzenten. Alles schöne Kaffees, die Tom schon mehrfach verkostet und mit hohen 80er Zahlen bewertet hat. Ich bin mir sicher, dass zumindest einige von ihnen bald bei Sweet Maria's erhältlich sein werden. Aber da möchte ich nicht vorgreifen.

Zuletzt standen noch fertig geröstete Kaffees von Dogwood, einem Spezialitätenröster aus Minneapolis auf dem Tisch. Vergleichskaffees. Darunter ein Villa Sarchi aus Costa Rica, sowie ein Orange Bourbon und ein Cup of Excellence aus El Salvador. Super geröstete Kaffees mit klarem Profil. Lediglich beim Orange Bourbon gingen unsere Meinungen auseinander.

Die Seele eines Menschen

Beim Verkosten und Beschreiben der Kaffees ist Tom hoch konzentriert. Unansprechbar. Über Stunden. Aber mit der hohen Konzentration, da bin ich mir inzwischen sicher, hat es etwas anderes auf sich. Als er mich am Tag des Abschieds zurück zur 7th-Station,West Oakland, fuhr, sprachen wir ein wenig über Künstler (Tom und Maria haben beide Kunst studiert) und deren bisweilen enorme Introvertiertheit, ihre geistig-hermetische Abschottung von allem Störenden. „So einer könnte ich auch sein", meinte Tom süffisant. Er hat unrecht. Er ist einer von ihnen. Kein Extremist, aber im Kern seines Wesens. Ob man es nun mag oder nicht, aber es ist gut so. Denn sonst wäre Sweet Maria's nicht das, was es ist: Eine Kollektion bester Kaffees aus aller Welt. Die Seele eines Menschen muss verstanden werden.

Kollektion: ein weiteres Schlüsselwort! Tom (und Maria!) sammeln alles, was irgendwie in Regale, die Wohnung, ins Büro, das Badezimmer, die Flure und wo sonst auch immer hinpasst. Grenzenloses Sammeln von Objekten in Raum und Zeit, von Material, Farbe und Kultur. (Und der kleine Ben? Ben sammelt Fische für sein Aquarium, Tierskelette in real und Plastik und alles, was in seine Spielzeugkisten passt.) Und so wie Tom Masken, Figuren, Kronkorken oder Bierdosen sammelt, so sammelt er Kaffees. Er sammelt Kaffees mit Leidenschaft. Es ist Leidenschaft. Aber sie ist anders. Sie ist nicht grenzenlos. Beim Kaffee sind Fummel und Kitsch tabu. Nur Picassos und van Goghs haben Zutritt zu den Regalen! Kompromisse Fehlanzeige!

Verkehrte Kaffeewelt. Oder: Ist ein Brasilianer ein Brasilianer?
Am nächsten Tag verkosten wir mitunter eine Runde brasilianischer Naturals und Pulped Naturals sowie einige „wet hulled"-Sumatras. Beide Male stehen wir etwas ratlos um den runden Verkostungstisch. Beide Anbauländer werfen nicht nur hier, sondern generell Fragen auf – wenn es zu den Spezialitätenkaffees kommt. Soll ein Brasilianer schmecken wie ein Brasilianer? Sind Pulped Naturals den Naturals vorzuziehen? Muss sich ein Mandheling oder Lintong zwangsläufig dem von (fast) allen so geliebten und von Großeinkäufern wie Peet's oder Starbucks stark geprägten Geschmacksprofil unterwerfen: Vollmundig, säurearm, erdig, geradezu ein wenig „dreckig", „muffig"? Sumatra-Arabicas sind die einzigen Spezialitätenkaffees, bei denen Defekte nicht als störend empfunden werden, ja geradezu erwünscht sind. Verkehrte Kaffeewelt!

Wir verkosten einen über den hauseigenen Farbsortierer gelaufenen und in 5 Defekt-Konstellationen neu zusammengesetzten Lintong. Aber entweder schmecken sie mal mehr mal weniger wie ein erdig-muffiger „echter" Sumatra oder nach etwas, das, na ja, irgendwie nach Kaffee schmeckt. Wir stehen weiter etwas ratlos um den runden Tisch. Schließlich sind wir uns erneut einig: Sumatra-Arabicas brauchen ihr eigenes Bewertungssystem; sie lassen sich nicht mit dem Rest der restlichen Kaffeewelt vergleichen!

Und die brasilianischen Spezialitätenkaffees? Ja, es gibt sie; in kleiner, stetig wachsender Zahl. Einige ganz hervorragende habe ich während meines letzten Aufenthalts in Brasilien verkostet. Dennoch; die Fragen bleiben unverändert: Will ich einen Alto Mogiana oder einfach nur einen Catuai; oder will ich einen Natural processed Icatu-Yellow Bourbon-Caturra-Blend, der einem sonnengetrockneten Yirgacheffe nahe kommt; oder will ich einen Pulped Natural Catuai/Alto Mogiana/Cachoeira Da Grama Estate, der genauso schmeckt, wie er heißt? Wer sich näher mit Kaffee befasst, betritt eine komplexe Welt. Eine spannende Welt. Eine Welt der beständigen Suche.

„Keep me searching for a heart of gold …“ Neil Young ist auch auf der Suche.

Instant Karma

Der Verkostungsraum hat große Fenster. In diesem und dem Nachbarraum, in dem zwischen Schlagzeug und Bassgitarren eine Espressomaschine, ein Agtron-Röstfarben-Analysegerät, ein Heißwasserturm und vieles andere stehen, wohnten Tom und Maria in den ersten Jahren nach dem Erwerb der Halle. Von hier oben hat man einen guten Blick ins Warenlager. Von hier aus präsentieren sich einem alle Abläufe wie auf dem Tablett: Das Einlagern der Rohkaffees, das Vakuumieren oder Umfüllen der Kaffees in GrainPro-Tüten, das Bestücken der beiden Abfüllanlagen, das Abfüllen in Ziploc-Tüten, das Einlagern der Tüten in Zwischenregale, das Kommissionieren, das Verpacken und zweimal am Tag das Abholen der Paletten von UPS & Co.

Brian ist der Routinier an den Abfüllanlagen. Er scheint regelrecht mit ihnen verwachsen zu sein. Von morgens bis abends, seinen Headset niemals abnehmend, robotergleich immer dieselben Handbewegungen. Brian ist der Tütenbefüller, der Herrscher über die 1-Pfund-, 2-Pfund- 5-Pfund- 10- und 20-Pfund-Tüten. Und der Skateboarder. Er ist der Mann, der selbst dann an der Maschine steht, wenn sein Skateboard am Abend zuvor einen anderen Weg genommen hat als sein Körper. Als Tom davon erzählt, nicken die Umstehenden respektvoll. Skateborder sind hart im Nehmen. Harte Knochen, die mit gebrochenen Rippen Tüten befüllen. Respekt zu erlangen kann schmerzhaft sein.

„Instant Karma's gonna get you,
gonna knock you right on the head …

Well we aaaall shiiiiine ooon, like the moon and the stars and the sun …"

John Lennon wusste, was Sache ist.

Im Lustgarten
Ich vertrete mir ein wenig die Beine im Garten. Es ist frühlingshaft warm. In Ottawa, sagte meine Frau am Telefon, schneie es. Und hier: ein Teich mit ungefrorenen Goldfischen, roten Erdbeeren, gelben Lilien, Bougainvilleen, von Schnecken verschonter Salat, Karotten, überall Bäume und massenweise hoch zum Himmel ragender Bambus. Ein Gewächshaus, prall gefüllt mit Kaffeepflanzen aus Neuguinea (Korgua Hagen Typica), dem Jemen (Shibriki Mokha/Harasi), Kolumbien (Timor Hybrid C-7), Peru (Maragogype) und vielen weiteren Varietäten aus dem Rest der restlichen Kaffeewelt. Kaum zu glauben, dass an derselben Stelle noch vor wenigen Jahren eine dicke Betonfläche das Regenwasser direkt in die Kanalisation leitete! Lustgartenfreudig wandle ich zurück an den Verkostungstisch, hindurch zwischen prall gefüllten Säcken aus Neuguinea, dem Jemen, Kolumbien, Peru und dem Rest der restlichen Kaffeewelt.

„Knock knock knocking on heavens door …"

Verpackungsmaschinen mit Kopfhörern
Ich mache einen kurzen Stop bei den Verpackern. Ich spreche niemanden an. Es ist niemand anzusprechen. Eine Frau und drei Männer arbeiten wie Fließbänder. Wie Verpackungsmaschinen mit Kopfhörern. Keine Zeit zum Smalltalk. Dave, der Zweimetermann, schwenkt seine Kranarme, dass einem angst und bange wird. José, sein Gegenüber, reicht ihm knapp über die Gürtellinie. Der Verpackungstisch ist ein ergonomisches Wunder.

„Jippie hei yeah, jippi hei yoho …!" Jonny Cash singt für die, die keine Kopfhörer haben.

Die Pakettürme auf den Paletten wachsen mit atemberaubender Geschwindigkeit: Rohkaffee, Behmor-Röster, Hario-Equipment, AeroPress, Chemex usw.; aber meistens eben Rohkaffee. Acht Paletten verlassen derzeit täglich das Lager. Alles von Heimröstern geordert. Sie sorgen für 80 Prozent des Umsatzes. „Durchschnittlich bestellen die Leute sechs Pfund Kaffee. Vor

Weihnachten ist es deutlich mehr. Vieles wird verschenkt“, sagt Erika, über deren Bildschirm alle Bestellungen laufen.

Nach Weihnachten, so reime ich zusammen, ist dann alles geröstet, getrunken, verschenkt. Da muss nachgekauft werden. Deshalb ist auch der Januar Boom-Zeit. „Zwischen Februar und Oktober haben wir etwa 1200 Bestellungen pro Woche. Da ist es dann etwas ruhiger.“ „Und es wird mehr geredet!“, ruft Maria aus dem Nachbarraum.

Von rotem und gelbem Bourbon

Tom redet auch. Ausnahmsweise. Ich habe mir einige Kaffees im Lager ausgesucht, geröstet, verkostet, und wir vergleichen meine Ergebnisse mit Toms früheren Bewertungen. Wir liegen sehr nahe beieinander, auch wenn er den Finca Himalaya aus San Salvador und den Antigua Carmora Pulcal aus Guatemala höher bewertet hat.

Beeindruckt hat mich auf dem Tisch ein Red Bourbon, ebenfalls aus Guatemala: ausgewogen, süß, prickelnde, klare Säure. „Eigentlich habe ich einen Container Yellow Bourbon gekauft. Aber die Hälfte davon wurde in Guatemala gestohlen. Der Produzent aber hatte nur noch diesen Red Bourbon. Nach einigem Zögern habe ich schließlich zugestimmt. Und ich muss sagen, ich bin mehr als zufrieden, dass ich zugestimmt habe.“ (PS: Tatsächlich hat er gesagt: „... und ich bin überhaupt nicht traurig, dass der halbe Container geklaut wurde.“ Aber das behalte ich natürlich für mich.)

Kein Wunder war es, dass der Red Bourbon schließlich von zwei äthiopischen Kaffees getoppt wurde: Einem gewaschenen Jimma aus Gera und einem sonnengetrockneten Sidama aus Aleta Wondo (dessen exakte Herkunft jedoch im Nirvana der ECX, der äthiopischen Kaffee-Börse verloren ging). Man kann sich nun trefflich streiten, ob sonnengetrocknete Kaffees (Naturals), deren Geschmacksprofil dominierend Resultat ihrer Verarbeitungsform ist, einen Sinn machen oder nicht. Aber bei einem Ergebnis, wie es vor mir auf dem Tisch steht, gibt es nur eine einzige Antwort!

Sweet Maria

Und es gibt nur noch eine einzige Frage: Was macht eigentlich Maria? Die

Frau, die offensichtlich so „süß“ ist, dass ein in der Kaffeeszene hoch angesehenes Unternehmen ihren Namen trägt? Die in Chicago geboren ist und ihren Job im „Arts Museum“ in Columbus, Ohio, an den Nagel hängte, um im heimischen Keller des ungeliebten „400.000-Seelen-Dorfes“ Columbus bei einem zusehends wachsenden, mit einem kleinen privaten Kredit gestarteten Versender von Heimrösterbedarf einzusteigen. Die mit Tom (damals noch ohne Ben) nach Oakland zog und darüber staunt, wie groß sie inzwischen geworden sind. Was sie macht!? Ach ja: durch ihre Hände fließen alle Gelder – rein wie raus. Ihr Herrschaftsgebiet sind die Bankkonten. Toms Reich ist oben, ihr Reich ist unten. Zusammen sind sie das Herz und die Seele von Sweet Maria’s. Maria ist eine ungewöhnliche Frau. Eine starke Frau. Eine, die es vorzieht, im Hintergrund zu bleiben.

„Ladyyy Madonnaa ...“

Bye-bye Kaffee-Paradies

Meine Erinnerungen an die Tage bei Sweet Maria’s werden lange bleiben. Meine Erinnerungen an Dan, Josh, Amanda, Erika, Byron, Brian, Dave, José ... an Tom, Maria, Ben ... an Sweety und Video. Ich habe viel gesehen, viele herrliche Kaffees verkostet und wunderbare Frühstückskaffees genossen. Ich habe mich gefühlt wie im Kaffee-Paradies.

Am Flughafen San Francisco wurde ich dann schnell wieder auf den Boden der Tatsachen geholt. Gate 48; ich brauchte Koffein. Das bekam ich für unsummige Dollars und verbrennungsgefährdend heiß im Pappbecher mit Verwöhndesign bei „Guava & Java“. Und wie nicht anders zu erwarten (gewisse Dinge lassen sich trefflich vorhersagen), erlitt mein verwöhntes Geschmackszentrum einen gehörigen Absturz: vom Garten Eden auf direktem Weg ins Fegefeuer. Glück gehabt im Unglück, möchte man sagen; denn schlimmere Drinks, von denen es da reichlich gibt, befördern das Geschmackszentrum nicht ins Fege-, sondern direkt ins Höllenfeuer.

Diesen Spaß hob sich der Kaffeeteufel für den Flug von Lost Angeles nach Detroit auf!

Völliger Umbruch in Äthiopiens Kaffee-Sektor. Zukunft der Spezialitätenkaffees gefährdet

05.12.2008

Kürzlich habe ich den Einkäufer einer Großrösterei, die größter Aufkäufer von äthiopischen Kaffees ist, gefragt, ob er präzise Informationen zu den Umgestaltungen des Kaffee-Marktes in Äthiopien habe. Seine Antwort entsprach meinen eigenen langjährigen Erfahrung im Heimatland von *Coffea arabica*: „Äthiopien und präzise Informationen sind ein Widerspruch in sich selbst!" Das Land, das nie Kolonie war und mit der weltweit ältesten christlich-orthodoxen Kirche aufwarten kann, hat starke Züge eines sich „permanent selbst organisierenden Organismus": Es passiert ständig etwas und irgendwie auch nicht, um dann, begleitet von einem lauten Knall, alle – inklusive sich selbst – vor Tatsachen zu stellen. So geschehen aktuell auch im wichtigsten Wirtschaftszweig des Landes: dem Kaffee-Sektor.

Jahrelang liefen Planungen und Vorbereitungen zu dessen Umgestaltung. Alle wussten es, aber keiner wusste Genaues; ein Hin und Her zwischen Andeutungen, Gerüchten, Anhörungen, Gesprächen, Verlautbarungen **über die Schließung der alten und der Etablierung einer neuen Kaffee-Börse**... und seit letztem Donnerstag, fast wie Phönix aus der Asche, ist sie da: die neue „Commodity Exchange", Variante Äthiopien!

Dass die Ethiopian Commodity Exchange (ECX[1]) kommen wird, das war klar. Dass sie vor Monaten bereits für Mais und Weizen (sehr zäh) gestartet war, ist mittlerweile auch klar. Dass sie für Kaffee am 27. November gestartet werden sollte, das war bis vor drei Wochen hingegen keinem der Marktteilnehmer klar. Dass der Start sich dann um eine Woche auf den 2. Dezember verzögern würde, na, das war denn doch wiederum irgendwie jedem klar.

Was ändert sich durch die ECX? Kurz gesagt: Außer dass der Kaffee noch in Äthiopien wächst, dort verarbeitet und mit kurz vor dem Exodus stehenden

---

1 www.ecx.com.et

Trucks zum Hafen von Djibouti gefahren wird so ziemlich alles. So ziemlich alles heißt: Die Art des Handelns, das Qualitätssystem, die charakterliche Zuordnung der Kaffees, die Zentralisierung auf Addis Abeba, die Lot-Größen etc.

Für einige Exporteure, Importeure und Röster kommt es aber knüppeldick: Die Produktion und der Export von Spezialitätenkaffees (Single-origin- bzw. Terroir-Kaffees) wird zwischen „dramatisch erschwert“ und „unmöglich“ liegen, je nach spezifischer Situation. Aber die äthiopischen Strategen setzen noch eins drauf: Nur noch den Kooperativen und staatlichen Plantagen soll es erlaubt sein, Bio-Kaffees zu exportieren! Und Herkunftsrückverfolgungen werden aufgrund von Standardisierung und Vermischung aller Kaffees eines definierten Anbaugebietes in den neuen, dezentralen Warehouses (die es nach Informationen von heute aber offensichtlich noch gar nicht überall gibt) praktisch nicht mehr möglich sein. „Tschigger' jellem!“, alles „kein Problem!“.

Ob tatsächlich alles wie geplant und (teilweise) begonnen bleiben wird, das ist, wie soll es anders sein, noch nicht ganz klar. Exporteure und Produzenten nämlich setzen sich zur Wehr, laufen Sturm gegen eine Veränderung, die nicht nur in ihren Augen wenig bis keinen Sinn macht. Sie rennen aber gegen ein Bollwerk an, das sich bisher als uneinnehmbar erwiesen hat: Dr. Eleni Gebre-Madhin, Ökonomin und Chefin der ECX. Frau Doktor ist stark, so stark wie die Regierung in ihrem Rücken – und die ist wirklich stark, was besonders diejenige merken, die sich mit ihr, der Regierung, anlegen. Deshalb ist die Situation schwierig.

Dass eine Commodity Exchange generell Sinn macht, steht außer Frage. Ob es Sinn macht, Kaffee, der in Äthiopien wie in keinem Land der Welt durch eine einzigartige Varietäten-Vielfalt gekennzeichnet ist, wie Weizen, Bohnen oder Mais zu behandeln … hier sind starke Zweifel angebracht! Okay, die Abschaffung der bis vor wenigen Tagen existierenden Auktion in Addis Abeba (über das „Schicksal“ der Auktion in Dire Dawa, über die ausschließlich die Harar-Kaffees gehandelt wurden, liegen mir derzeit noch keine Informationen vor) war längst überfällig. Zu sehr glich die tägliche Veranstaltung eher einem

Theater denn einem ernsthaften Handel: Die Teilnehmer auf Käufer- und Verkäuferseite kannten sich, jeder wusste, wer zu wem in welcher privaten oder geschäftlichen Beziehung stand und wer demzufolge bei welcher Transaktion den Vorzug haben würde. Deshalb war die Auktion seit Jahren umstritten, und es war an der Zeit, deren Pforten zu schließen. Dass als Substitut aber eine Institution ihre Pforten öffnet, die das Potenzial der äthiopischen Kaffees „killt", wie es ein gerade aus Äthiopien zurückgekehrter holländischer Importeur gestern ausdrückte, macht nun noch weniger Sinn – und ist deshalb auch umstritten!

Ich würde gerne Genaueres berichten, aber es fehlt nach wie vor das, was, wie anfangs erwähnt, in Äthiopien ein Widerspruch in sich selbst ist: präzise Informationen. Okay, das neue Qualitätssystem und die neue charakterliche Zuordnung der Kaffees liegen mir, geschleust durch diverse Kanäle, vor. Die aber werde ich ausführlich auf meiner Website vorstellen, denn dort muss das Kapitel „Kaffee in Äthiopien" vollkommen neu geschrieben werden. Das werde ich aber erst tun, wenn „alles ganz klar" ist, und das kann dauern. In Äthiopien hat eine neue Zeitrechnung begonnen – und irgendwie auch wieder nicht.[1]

---

1 Anm., 20.04.2012.: *Seit der Einführung der ECX (und dem Schreiben des obigen Artikels) hat sich so viel getan, Erfreuliches, aber auch, besonders in der Beziehung zwischen Exporteuren und Regierung, Unerfreuliches. Zu den wichtigsten Entwicklungen seit Eröffnung der ECX gehören: Die geplanten „Warehouses", die dezentralen Lagerhäuser und Verkostungseinrichtungen, existieren inzwischen, die Kooperativendachverbände können – wie schon vor Etablierung der ECX – direkt vermarkten, auf Druck der SCAA, dem amerikanischen Verband für Spezialitätenkaffee, wurde für die Vermarktung der Spezialitätenkaffees ein eigener Börsenzweig, die DST, eingerichtet (die aber, wie zu erwarten, aufgrund ihrer Konstruktion von Anbeginn an mit nur bescheidenem Erfolg operierte und über die schon seit geraumer Zeit nicht mehr gehandelt wird), private Produzenten können eine Lizenz erwerben und direkt vermarkten u.v.m.*

Äthiopien: Bulk-Verschiffung von Kaffee als null und nichtig erklärt!

20.12.2011
Wer verfolgt hat, was sich in den letzten Wochen bezüglich der von der äthiopischen Regierung beschlossenen Verschiffung von Kaffee als lose „bulk“ Ware, anstatt wie bisher in Säcken, abgespielt hat, der wird sich verwundert die Augen gerieben haben. Wer hingegen Äthiopien im Allgemeinen und die Entwicklung des Kaffee-Sektors im Besonderen über die letzten Jahre verfolgt hat, der wird sich zwar an den Kopf gelangt ... aber überhaupt nicht gewundert haben. Nur eines war dann allerdings doch sehr verwunderlich: Dass sich das MoT (Ministry of Trade) vor wenigen Tagen ganz offensichtlich dem massiven nationalen und internationalen Widerstand gegen die Neuregelung ergeben und sie kurzerhand als „null und nichtig“ erklärt hat! Für's Erste ...

Eine ausgezeichnete Analyse und Zusammenfassung der Ereignisse gibt es von Wondwossen Mezlekia auf seinem „Poor Farmer“-Blog bzw. auf Ethiomedia[1]. Ein lesenswerter Artikel!

Anm.: Wer mehr über den äthiopischen Kaffeemarkt im Allgemeinen und die ECX im Speziellen wissen möchte, für den ist das erwähnte „Poor Farmer“-Blog[2] eine ausgezeichnete Quelle.

1 www.ethiomedia.com/broad/3342.html

2 http://poorfarmer.blogspot.com/p/ecx-watch_15.html

Kaffee im Jemen: Ein Land zwischen Qahwa, Gishr und Nescafé, zwischen Exklusivität und Schmuggelware

08.07.2008

Was den Kaffee-Konsum im Jemen betrifft, so ist die im „Kaffee Blog“[1] der in St. Gallen ansässigen Premium Handelswaren GmbH gemachte Aussage „... So verzichten sie (Anm.: die Jemeniten) auf die edlen Arabica-Kaffeebohnen und benutzen anstelle dieser nur die Schale der Bohne ...“ nur bedingt richtig. Selbstverständlich wird im Jemen, wie es aus dem Reisebericht[2], auf den sich der „Kaffee Blog“ bezieht, hervorgeht, *Gisher* getrunken, aber keineswegs ausschließlich! *Gisher*, zubereitet aus den aufgebrochenen, stundenlang gekochten Schalen des im Jemen ausnahmslos sonnengetrockneten Kaffees, ist ein beliebtes Getränk und wird, reichlich süß, zu Hause häufig in den Morgenstunden genossen.

Daneben trinken die Jemeniten und Jemenitinnen aber auch ganz normalen, in der Regel frisch gerösteten und aufgekochten Kaffee, *Qahwa*, und zunehmender Beliebtheit erfreut sich, besonders im städtischen Bereich, natürlich, wie soll es anders sein, Nescafé.

Doch es gibt Versorgungsprobleme beim *Qahwa*: Die Jemeniten und Jemenitinnen konsumieren, worauf ich an anderer Stelle[3] bereits hingewiesen habe, mehr Kaffee, als das Land selbst produziert. Deshalb wird Kaffee importiert: aus Äthiopien, Kenia, Indien, Brasilien ...! 18.330 Tonnen waren es im Jahr 2006 (neuere Zahlen liegen nicht vor); die Eigenproduktion betrug demgegenüber nur rund 11.000 Tonnen. Das sind die offiziellen Zahlen. Wie viel Kaffee zusätzlich illegal importiert wird ... wer weiß das schon. Aber nicht aller ins Land kommende Kaffee dient dem einheimischen Konsum: so manch importierte Bohne verlässt das Land wieder – als jemenitisches Eigengewächs, vorsichtshalber vermengt mit echtem Jemen-Kaffee!

---

1 http://kaffee.premium-blog.ch/kaffee-1/kaffee-in-jemen.html

2 Der Reisebericht steht leider nicht mehr im Internet zur Verfügung.

3 http://kaffee-blog.maskal.de/kaffee-lander/jemen/jemen-import-von-kaffee-hoher-als-export

Warum aber importiert der Jemen, das nach Äthiopien zweitälteste Kaffeeanbauland der Welt, überhaupt Kaffee? Der erste Grund liegt darin, dass die eigene Produktion aufgrund limitierender Faktoren wie veraltete und ineffektive Anbaumethoden, inadäquate Pflege der Bäume, zu geringe Regenmenge, zunehmender Anbau von *Khat* und vielem mehr den Bedarf nicht mehr deckt, und die Preise infolgedessen drastisch in die Höhe gingen. Mit den Importen von vergleichsweise billigeren Kaffees versucht man, die Bedarfslücke zu schließen.

Der zweite Grund ist ebenfalls wenig erfreulich. Ein Teil der importierten Kaffees dient zum „Strecken" des Exportkaffees und ein quantitativ nicht zu bestimmender Teil des letztlich von den Konsumenten teuer bezahlten Mattari, Sana'ai oder Isma'ili ist, davon muss leider ausgegangen werden, vermischt mit den billigen Importen. Mir wurden, als ich mich 2006 im Jemen aufhielt, von einem Exporteur gerade aus Kenia eingetroffene Kaffeemuster gezeigt, versehen mit der Anfrage, ob sie zum Beimischen geeignet seien! Wer als Importeur oder Röster die sehr teuren, exklusiven jemenitische Kaffees kauft und wirklich reine jemenitische Kaffees haben möchte, der sollte sich gut mit der Materie beschäftigen!

Wer im Jemen *Gisher* trinkt, der kann sich sicher sein, dass die verwendeten Schalen aus dem Jemen stammen, denn ungeschälte Kaffees werden wegen des viel zu hohen Gewichts und des Platzverlustes nicht importiert. Bei einheimisch geröstetem Kaffee, dem *Qahwa*, dürften schon Zweifel über die 100 Prozent heimische Herkunft angebracht sein. Was den Nescafé betrifft, so will ich die Herkunftsfrage erst gar nicht stellen. Zweifel sind aber ebenfalls anzubringen bei jemenitischen Kaffees, die in den Röstmaschinen der Spezialitätenröster landen; es muss nicht, wie oben erwähnt, zwangsläufig das in den Säcken drin sein, was außen draufsteht.

Ruanda: Tolle Kaffees beim ersten Cup of Excellence auf dem afrikanischen Kontinent

10.09.2008

Ruanda, das Land, das nach wie vor bei uns allen schlimme Erinnerungen weckt, richtet seit vielen Jahren seinen Blick ganz entschieden und konsequent nach vorne: politisch, insbesondere aber wirtschaftlich. Ein Beispiel dafür ist der Kaffee-Sektor: Ruanda ist es als erstem afrikanischem Land gelungen, den berühmten Cup of Excellence[1] ins Land zu holen. Offensichtlich bestätigt sich also mein „Riecher", den ich vor Jahren schon hatte, als ich trotz des Risikos, das unbekannte Kaffees mit sich bringen, mit dem Karangera und dem Kinunu gleich zwei ruandische Kaffees in das Programm aufgenommen haben.

Ich vermute, dass die Initiative, den Cup of Excellence in Ruanda, und damit erstmals in seiner Geschichte auf dem afrikanischen Kontinent, stattfinden zu lassen, von der äußerst aktiven ruandischen „Coffee task force" ausging. Und es ist sicher auch kein Zufall, dass gleich im Februar 2009 die EAFCA-Konferenz (Eastern African Fine Coffee Association-Konferenz)[2] in Kigali stattfinden wird.

Ungeachtet dessen, wer hinter all diesen Initiativen steckt: Ruanda macht bei den Qualitäten seiner Kaffees, wie ich an anderer Stelle[3] bereits dargestellt habe, seit dem Jahr 2001 Riesenschritte nach vorne. Das aktuelle Großereignis, der Cup of Excellence, und das kommende, die EAFCA-Konferenz, sind logische Konsequenzen, hinter denen ein klares Ziel steckt: Ruanda will wirtschaftlich nach vorne und auf eigene Beine kommen!

Der Cup of Excellence

Der Cup of Excellence, ein Wettbewerb, der nach einem umfangreichen Auswahlverfahren den prämierten Kaffees stets Höchstpreise bei der abschließenden Versteigerung einbringt, wird in vier Stufen abgehalten:

1 www.cupofexcellence.org

2 www.eafca.org

3 http://maskal.de/kaffee/reiseberichte/ruanda

1. Nationale Vorauswahl der Kaffees
2. Verkostung und Bewertung der zugelassenen Kaffees durch eine nationale Jury
3. Verkostung und Bewertung dieser ausgewählten Kaffees durch eine internationale Jury: Prämierung der besten Kaffees
4. Etwa 6 bis 8 Wochen später erfolgt die Online-Versteigerung der prämierten Kaffees.

Der Zeitplan für Ruanda sah nach der nationalen Vorauswahl wie folgt aus:

Nationaler Wettbewerb: 18. bis 22. 08.08
Internationaler Wettbewerb: 24. bis 29. 08.08
Online-Versteigerung: 14.10.08

Die internationale Jury war mit Vertretern der Crème de la Crème der Spezialitätenkaffee-Szene besetzt: Steven Leighton (Has Bean, UK), George Howell (George Howell Coffee Company, USA), Andreas Hertzberg (Solberg & Hansen, Norwegen), Tom Owen (Sweet Maria's, USA), um nur einige zu nennen.

Verblüfft war ich über die hohe Punktzahl des Sieger-Kaffees: 92,07 (von max. 100 Punkten) für den gewaschenen Buremera-Kaffee[1] von Uwimana Rose (MIG; s. u.)! Das ist enorm! Diese Punktzahl zeigt, was sich in Ruanda in den vergangenen sieben Jahren getan hat!

Mit dem Eigentümer der MIG (Multisector Investment Group), Vincent Ngarambe, habe ich mich vor ziemlich genau zwei Jahren nach dem Besuch seiner Ngoma-Waschanlage im sehr gemütlichen Restaurant des „Hotel Gorilla" in Kigali und später noch einmal auf einem Flug nach Addis Abeba getroffen. Ein cleverer Geschäftsmann mit klaren Visionen. Dass sich seine Visionen aber so schnell realisieren ließen, hätte ich mir damals nicht

1 Eine Abbildung der Buremera-Waschanlage können Sie auf „Rwanda Global Village" sehen (www.geomotion.com./geomotion/globalvillage.htm:
Auf den Link „Global Village Rwanda" klicken, dann auf der Landkarte auf die Bohnen im unteren mittleren Bereich klicken; eine davon ist Buremera).

ausmalen können – und er selbst vermutlich auch nicht! Glückwunsch Vincent, aber nicht nur zum ersten Platz, sondern auch zu Platz 3, 9 und16, die andere Kaffees der MIG belegt haben!

Obwohl ich in der Liste der prämierten Kaffees einige vermisse, denen ich hohe Bewertungen zugetraut hätte, ist das Gesamtergebnis beeindruckend! Ruanda braucht, wenn man sich die 2008-Ergebnisse der anderen „Cup of Excellence"-Länder anschaut, einen Vergleich nicht zu scheuen. Und man darf sich sicher auch einmal vorsichtig auf die Schulter klopfen, wenn der eigene Siegerkaffee eine deutlich höhere Punktzahl hat als der Siegerkaffee von Costa Rica (90,17)!

Das Gesamtergebnis von Ruanda 2008 finden Sie auf der Cup of Excellence-Website[1].

***Anm.** 20.04.2012.: Auch im Jahr 2011 konnte Ruanda wieder mit vielen guten sowie einigen außergewöhnlichen Kaffees aufwarten. Der Aufwärtstrend ist weiterhin ungebrochen!*

---

1 www.cupofexcellence.org/CountryPrograms/Rwanda/2008Program/WinningFarms/tabid/582/Default.aspx

Besuch der Bob-o-Link Kaffee-Farmen in Brasilien

05.01.2011
Ich habe lange gezögert, den vor einiger Zeit begonnenen Bericht über meine Brasilien-Reise fortzusetzen. Ich habe gezögert, weil ich erst wissen wollte, ob das Ergebnis der Reise den Aufwand gelohnt hat.

Das Ergebnis liegt jetzt vor – in Form des während der Reise gemeinsam mit dem Produzenten neu zusammengesetzten und seit Ende 2010 in Hamburg lagernden Bob-o-Link-Kaffees[1]. Unser Resümee lautet: Die Reise hat sich nicht nur gelohnt, die Erwartungen wurden übertroffen! Der Reihe nach ...

Nach Besuch des Coffee Lab von Isabela Raposeiras, worüber ich bereits berichtet habe[2], holte uns am 15. August 2010 der Initiator des Bob-o-Link-Kaffees, Marcos Croce, zusammen mit seiner Familie in São Paulo ab. Nach gut vier Stunden erreichten Rainer und Barbara Braun, Michael Sopper und ich die in den Mogiana-Bergen gelegene Farm der Croces, die Fazenda Ambiental Fortaleza[3]. Beim ersten Umschauen war sofort klar, dass auf dieser Fazenda die Uhren und Gedanken etwas anders ticken.

Auch wenn uns auf der Farm das ein oder andere im Bestreben nach Idealisierung des naturnahen Anbaus und Lebens persönlich etwas befremdlich war, so muss man den Initialzündungen für einen nachhaltigen Anbau qualitativ hochwertiger Kaffees, die von dieser Farm ausgehen, hohen Respekt zollen. Es waren ja drei Anliegen, die mich nach Brasilien reisen ließen: Mir erstens ein Bild davon zu verschaffen, inwieweit die (Selbst-)Darstellung der Farm und ihrer Aktivitäten nach außen mit der Realität übereinstimmen, zweitens die am Bob-o-Link beteiligten Farmen zu besuchen, drittens den Bob-o-Link-Kaffee, von dem wir im letzten Jahr erstmals eine kleine Menge direkt importiert haben neu zusammenzustellen, um ihn vielseitiger als bisher verwenden zu können.

---

1 Mehr Infos zu diesem Kaffee unter http://maskal.de/kaffee-shop/Kaffee/Schuemli-Kaffee-Bob-O-Link-Brasilien::30.html

2 Siehe Kapitel 1

3 www.fafbrazil.com/fafbr/index.asp

Nach fünf Tagen auf der Fazenda Ambiental Fortaleza und dem Besuch von zehn Bob-o-Link-Farmen war mir klar, dass wir im letzten Jahr die richtige Entscheidung getroffen haben, als wir den Bob-o-Link als Erste in Deutschland einführten und versuchten, Spezialitätenröster als Käufer des Kaffees zu gewinnen sowie schrittweise eine enge Beziehung zu den Produzenten aufzubauen.

Dass ein „Relationship"-Kaffee eine andere Hausnummer ist als ein Kaffee, den man mit einer einzigen E-Mail bei einem Importeur ordert, dürfte auf der Hand liegen. So etwas erfordert einen ungemein höheren zeitlichen und finanziellen Aufwand. Aber wie man auf dieser Basis gemeinsam mit den Produzenten einen Kaffee verbessern bzw. auf bestimmte Bedürfnisse hin verändern kann, zeigt das zentrale Anliegen der Reise: die Neuzusammensetzung des Bob-o-Link-Kaffees. Wie wir die Zusammensetzung im Detail durchgeführt haben, darüber werde ich im folgenden Artikel berichten.

Bob-o-Link:
Wie wir den Kaffee in Brasilien neu zusammengestellt haben

23.01.2011

Nach den beiden vorausgegangenen Beiträgen, in welchen ich den Besuch bei der brasilianischen Bariste und Rösterin Isabela Raposeiras[1] sowie der Bob-o-Link-Farmen[2] geschildert habe, beschreibe ich heute das eigentliche Ziel meiner letztjährigen Reise nach Brasilien: Die neue Zusammensetzung unseres Bob-o-Link-Kaffees. Wir hatten diesen Kaffee erstmals Anfang 2010 gekauft, waren aber, obwohl der Kaffee schon ganz deutlich sein Potenzial andeutete, noch nicht ganz mit seinen „Allroundfähigkeiten" und dem Flavour zufrieden. Deshalb flog ich, begleitet von einigen Freunden, gegen Ende der Ernte nach Brasilien, wo wir auf der Fazenda Ambiental Fortaleza vier Tage lang für jeweils mehrere Stunden Kaffees aus zahlreichen Lots der zum Bob-o-Link beitragenden Farmen verkosteten.

Zur Erläuterung: Beim Bob-o-Link handelt es sich nicht um einen sogenannten „Single Origin"-Kaffee einer Kleinregion oder um ein spezielles Lot einer Farm/Plantage, es handelt sich um einen Blend, d. h. eine Mischung von Kaffees benachbarter Fazendas, die ausgewählte, nachhaltig angebaute Lots zum Bob-o-Link beisteuern. Hinter diesem Blend stehen die von Marcos Croce und seiner Fazenda Ambiental Fortaleza (FAF) ausgehenden Ideen, die Kaffees kleiner, privater Fazendas zu besseren Preisen gemeinsam zu vermarkten – sei es als Gemeinschaftsprodukt wie den Bob-o-Link oder in Form spezieller, qualitativ hochwertiger Lots – und gleichzeitig den nachhaltigen Anbau in Brasilien populärer zu machen. Nach allem was ich auf den Farmen gesehen und erlebt habe, muss ich sagen: Die Ideen tragen Früchte ...!

Zurück: Für die zentrale Auswahl, Bewertung und das Mischen der zu vermarktenden Kaffees ist Felipe, der Sohn von Marcos Croce zuständig. Auf der Fazenda seines Vaters hat er sich ein kleines Verkostungslabor

1 Kapitel 1

2 Kapitel 3

eingerichtet. Dort erfolgt auch das für die Bewertung und Auswahl der Kaffees ausschlaggebende Cupping, d. h. das Verkosten der Kaffees.

Als wir die FAF besuchten lagen bereits zahlreiche Muster aller, nennen wir sie einfach „Bob-o-Link-Farmen“, vor. Zur Seite stand Felipe bei der Vorbereitung und Durchführung der Verkostungen der junge Röster Axel Kunzelman. Er war damals von seinem Arbeitergeber, der Columbia Street Roastery aus den USA, auf eine Einladung von Marcos Croces hin auf die FAF geschickt worden.

In klassischer Manier auf Basis der SCAA-Kriterien (Specialty Coffee Association of America) verkosteten wir, d. h. Rainer und Barbara Braun, Michael Sopper, Felipe, Axel, einige zwischendurch immer wieder eintreffende „Bob-o-Link-Farmer“ und ich insgesamt 50 verschiedene Lots von 10 verschiedenen Fazendas. Es war schon spannend zu sehen, wie unterschiedlich die einzelnen Lots waren: von geschmacklich ausdruckslos bis hin zu brillanter Säure, von fad bis kräftig würzig, von „körperlichen Schwächlingen“ bis hin zu reinen „Bodybuildern“.

Zu allen Kaffees machte ich mir reichlich Notizen, denn ich hatte eine ziemlich klare Vorstellung davon, wie der neue Bob-o-Link-Blend sein sollte: leichte Fruchtnote, floral, mittlerer Körper, mittlere Würze, insgesamt „charakterstark“. Aus allen präsentierten Kaffees wählte ich zehn aus, notierte sie und überreichte Felipe das Blatt. Die Aufgabe an Felipe: Eine Mischung aus 4 bis 6 dieser Kaffees zu erstellen, die einen Durchschnittswert der einzelnen Charaktereigenschaften aller Kaffees ergibt. Der Kaffee sollte weder in Säure, Körper, Würze etc. zu dominant sein, was erlaubt, ihn als „Allrounder“ einzusetzen; gleichzeitig sollte aber einen hohen Wiedererkennungswert haben.

Nach unserer Abreise begann Felipe mit dem Mischen. Das Ergebnis: Genau das, was ich haben wollte. Auf den Punkt genau getroffen! Prima Arbeit, Felipe!

Der neue Bob-o-Link setzt sich aus folgenden Varietäten zusammen:

- Yellow Catuai, 42 Prozent
- Mundo Novo, 45 Prozent
- Bourbon, 10 Prozent
- Obatã 3 Prozent

Die Kaffees stammen von folgenden Produzenten/Fazendas:

- Fernando Cesar Carvalho/„Sitio Bela Vista“, Höhe: 1100-1250 m, Divinolandia, São Paulo
- Jose F. Rodrigues/„Sitio Fortaleza“, Höhe: 1100-1200 m, Divinolandia, São Paulo
- Renato Ribeiro/„Fazenda Campestre“, Höhe: 1100-1200 m, Mozambinho, Minas Gerais
- Flavio Sales Machado/„Fazenda Morro Azul“, Höhe: 1000-1100 m, Mococa, São Paulo
- Cledison Bacetti/„Sitio Cachoeirinha“, Höhe 1060-1200 m, Caconde, São Paulo
- Alcindo Prado/„Fazenda Ambiental Fortaleza“, Höhe: 900-1000 m, Mococa, São Paulo

180 Säcke dieses herrlichen Kaffees liegen inzwischen in Hamburg – bei unserem neuen Partner Quijote-Kaffee.

Bob-o-Link-Kaffee und Microlots. Auf Einkaufs- und Verkostungstour in Brasilien

19.09.2011

Den letzten Blog-Bericht habe ich zwei Wochen vor unserer Abreise nach Brasilien geschrieben. Zwei Wochen waren wir dann im größten Kaffeeanbaugebiet der Welt unterwegs und haben sehr viel über Kaffee gelernt. Am 5. September ging es wieder zurück, für Steffi von Quijote-Kaffee nach Hamburg, für mich als Vertreter von Maskal – fine coffee company nach Ottawa. Und zwei Wochen später schreibe ich nun den ersten Bericht über diese spannende Reise.

Es hat sich einiges getan seit meinem ersten Besuch[1] vor genau einem Jahr auf der Fazenda Ambiental Fortaleza („FAF“, Alto Mogiana, Bundesstaat São Paulo), der Farm, von der zunächst Maskal und seit letztem Jahr auch Quijote-Kaffee[2] den Bob-o-Link-Kaffee beziehen. Am auffälligsten: Die Professionalität hat zugenommen, die Struktur stabilisiert sich, neue Partner sind hinzugekommen.

Felipe, Youngster auf der Fazenda und frisch gebackener „Q-Grader“, ist ganz in die Rolle des Chef-Verkosters hineingewachsen. So hat er die angenehme Aufgabe, immer wieder beeindruckende Kaffees zu verkosten und mit hohen Punktzahlen bewerten zu dürfen, oft hat er aber auch die unangenehme Aufgabe, Farmern mitteilen zu müssen, dass ihre Kaffees noch keinerlei Spezialitätenkriterien erfüllen und sie noch viel Arbeit zu investieren haben. Mit beiden Aufgaben ist er derzeit voll ausgelastet, die Ernte ist abgeschlossen, und täglich treffen immer wieder Kaffee-Muster bei ihm ein, Kaffee-Muster aus verschiedenen Erntephasen, von unterschiedlichen Terroirs, in verschiedenen Verarbeitungsformen; und alle Farmer wollen natürlich am liebsten sofort wissen, wie ihre Kaffees bewertet und vor allem, wie viel sie dafür bekommen werden. Und in Alto Mogiana erzielen Spitzen-Microlots inzwischen Spitzenpreise!

---

1 Siehe die vorausgegangenen Bob-o-Link-Artikel in diesem Kapitel

2 www.quijote-kaffee.de

Daniel, der älteste Sohn, wächst zunehmend in die Rolle des Exportabwicklers hinein. Die FAF kauft die Kaffees von den beteiligten Farmen zu einem Aufpreis von 0,40 USD-Cents/lb über Börsenkurs (!) auf, macht das Cupping, bewertet die Kaffees, stellt die Bob-o-Link-Blends nach den spezifischen Wünschen der Käufer zusammen, deklariert die terroirspezifischen Microlots, bringt die Kaffees zur Schälanlage, macht alle Kaffees exportfähig und wickelt die Verkäufe ab.

Vater Marcos, der Ahnherr der Bob-o-Link-Idee, zieht sich peu à peu aus dem Export zurück, um sich primär der Beziehungspflege zu den Farmern zu widmen, neue Farmer für die Idee des nachhaltigen Kaffeeanbaus zu gewinnen, und neue Einkommensquellen im nachhaltigen Anbau für die Farmer und seine eigenen Angestellten zu generieren (so stellt er z. B. Land zur Verfügung, auf dem Gemüseanbau für Schulen betrieben wird).

Auch die Fortschritte bei den Kaffee-Qualitäten ist unübersehbar – zumindest auf einigen der beteiligten Farmen wie denen von João Hamilton, Milton oder Gertrudes&Celseo. Die nacherntliche Verarbeitung dieser Kaffees ist durch die weitere Zunahme an Trocknungsbetten und der verstärkten Kontrolle des Trocknungsprozesses absolut top, sowohl bei den Naturals, also den sonnengetrockneten, als auch bei den pulped Naturals, den sogenannten semi-gewaschenen Kaffees.

Wir hatten Kaffees auf dem Cupping-Tisch, die ohne Übertreibung zu den brasilianischen Spitzenkaffees dieses Jahres gehören – und das von kleinen Familienfarmen, die bis vor wenigen Jahren nur Durchschnittskaffees an die Großkooperative Cooxupé geliefert haben! Und weitere Verbesserungsschritte sind bereits in Gange: in Qualität (Selektion der frisch geernteten Kaffeekirschen durch Farbsortierungsgeräte), und Quantität (Bau weiterer Trocknungsbette)! Die Vorfinanzierungen für das gesamte Equipment werden bislang von der FAF getragen.

Steffi und ich haben insgesamt eine Woche auf der FAF verbracht. Neben den Besuchen von Bob-o-Link-Partnern, deren Zahl seit letztem Jahr von 12 auf 18 gestiegen ist, die aber in unterschiedlicher Intensität mit der FAF zusammenarbeiten, haben wir fünf Tage lang jeweils mehrere Runden der eingetroffenen Kaffeemuster verkostet und bewertet. Mit von der Partie war neben Felipe noch Justin Miles, seines Zeichens Röster von Seven Seeds (Melbourne, Australien), der derzeit zwei Monate durch Lateinamerika tourt, betraut mit der Luxusaufgabe, einen Container Microlots zusammenzukaufen!

Steffis Hauptaufgabe war es, für Quijote-Kaffee mindestens einen Container des bisherigen fruchtbetonten, dieses Mal allerdings noch etwas besser selektierten Bob-o-Link-Kaffees zu kaufen und mit Felipe einen zweiten, säureärmeren und mehr körperbetonten Bob-o-Link zusammenzustellen. Eher unsere gemeinsame Aufgabe war es, qualitativ hochwertige Microlots ausfindig zu machen und zu kaufen – für Quijote-Kaffee, Maskal und Jörgs Elephantbeans.

Bis auf die Zusammenstellung des zweiten Bob-o-Link-Kaffees (dazu hat einfach die Zeit nicht ausgereicht) konnten wir alles erledigen. Jetzt warten Steffi und Pingo auf die Muster für diesen Kaffee, und wenn sie diese für gut befinden, werden einige Säcke dieses Kaffees auch an Maskal und Elephantbeans gehen.

Der erste Bob-o-Link-Container geht voraussichtlich am 21. September auf seine Reise nach Hamburg (Ankunft soll der 14. Oktober sein). Ein zweiter Container mit dem neuen Bob-o-Link, Microlots und zusätzlich (wenn ich mich nicht täusche) weiteren 100 Sack des bisherigen, fruchtbetonten Bob-o-Link wird vier bis sechs Wochen später folgen.

Die Reise hat also ihren Zweck erfüllt. Sie war, wie im Titel angekündigt, als Einkaufs- und Verkostungstour geplant. Und genau das war sie. Sie war aber auch eine Reise, die Beziehung zur Fazenda Ambiental Fortaleza und den am Bob-o-Link-Netzwerk beteiligten Farmen gefestigt hat. Und sie hat beflügelt, weiter *gemeinsam* an den Qualitäten der Kaffees zu arbeiten.

Was wir nach Verlassen der Fazenda Ambiental Fortaleza in Poços de Caldas (Minas de Sul) gemacht haben, darüber mehr in „Der Run auf Microlots“.

Der Run auf Microlots

22.09.2011
Im abschließenden Teil über die gemeinsame Brasilien-Reise von Steffi (Quijote-Kaffee) und mir berichte ich über ein relativ junges Phänomen in der Spezialitätenkaffee-Szene: Der Suche nach den ganz außergewöhnlichen, nur in kleinen Mengen angebauten Kaffees. Die Reise begann in São Paulo, führte von dort auf die Fazenda Ambiental Fortaleza, worüber ich berichtet habe, von dort über Poços de Caldas wieder zurück nach São Paulo.

In Poços de Caldas, einer quirligen, einst als Kurort geplanten Kleinstadt in Sul de Minas (Bundesstaat Minas Gerais), waren wir zwei Tage zu Gast bei Bourbon Specialty Coffee.

Bourbon Specialty Coffee
Bei meinem letztjährigen Besuch von Bourbon Specialty Coffees[1] wurde mir sofort klar, dass wir es hier mit einem der, vielleicht dem wichtigsten Exporteur brasilianischer Spezialitätenkaffees zu tun haben. Deshalb hat es mich sehr gefreut, dass Mario, der Chef-Verkoster, sich auf meine Anfrage hin spontan bereit erklärt hat, Steffi und mich zwei Tage lang in die Besonderheiten der brasilianischen (Spezialitäten-)Kaffees einzuweihen.

Bourbon Specialty Coffees ist Teil der Kaffee-Sparte von ECOM[2] und kauft seine Kaffees von zahlreichen Produzenten aus quasi allen Anbaugebieten Brasiliens. Die von dort eintreffenden Muster eines Erntejahres werden verkostet, klassifiziert und, falls notwendig, in der eigenen Verarbeitungsanlage geschält, gereinigt, sortiert etc. und bis zum Export in einem der beiden Lagerhäuser in Poços de Caldas und São Paulo aufbewahrt. Wer sich einen Eindruck über das, was an Spezialitätenkaffees in Brasilien inzwischen produziert wird verschaffen will, sollte auf jeden Fall einen Stopp in Poços de Caldas machen!

In Absprache mit Mario haben wir zunächst einzelne Varietäten wie Mundo

---

1 www.bourboncoffees.com

2 www.ecomtrading.com/website.nsf/CoffeeWelcome

Novo, Catuai, roten und gelben Bourbon, Icatu etc. verkostet, um zu sehen, inwieweit sich geschmackliche Unterschiede wahrnehmen lassen. Das macht natürlich nur Sinn, wenn die Kaffees in gleicher Weise verarbeitet wurden, weshalb wir mit den Naturals, also den sonnengetrockneten Kaffees, begannen. Danach kamen dieselben Varietäten auf den Tisch, aber als Pulped Naturals, einem Verfahren, bei dem das Fruchtfleisch entfernt und die sogenannten Parchments mitsamt den noch anhaftenden Fruchtfleischresten getrocknet werden; bei diesem Verfahren entwickeln sich im Vergleich zu den Naturals die Säuren und Süße stärker.

Es würde zu weit führen, alles, was wir erfahren und „erschmeckt" haben im Detail zu erläutern, mein persönliches Fazit aber ist: Wichtiger als die Varietät und die Form der nacherntlichen Verarbeitung ist die *Qualität der Verarbeitung!* So etwas zu sagen ist natürlich riskant, ist doch z. B. aus einer Varietät wie Catimor in höheren Lagen selbst mit der besten Verarbeitung nicht viel herauszuholen (entgegen allem Anschein nach dem Anbau in tieferen Lagen), und bei einem „Erntesammelsurium" aus unreifen, halbreifen, reifen und überreifen Kirschen müsste schon Harry Potter sein Zauberwerk tun, um die Geschmacksfahne etwas höher ziehen zu können. Andererseits können handverlesene, reife Kaffeekirschen einer Top-Lage durch Verarbeitungsfehler wie schlechte Durchlüftung (weshalb erhöhte Trocknungsbetten so wichtig sind) oder zu seltenes Wenden der Kirschen bzw. Parchments (weshalb das Trocknen sehr arbeitsaufwendig ist) völlig ruiniert werden; ein muffig-schimmlig schmeckender Kaffee wird das Entzücken in engen Grenzen halten.

Wir sind auf unserer Reise Verteidigern sauber verarbeiteter Naturals begegnet und solchen sauber verarbeiteter Pulped Naturals. Und wir haben grandiose Kaffees beider Verarbeitungsformen verkostet, und in all diesen Fällen standen die Naturals in ihrer „Sauberkeit" („clean cup") den Pulped Naturals in nichts nach – oder sie waren, was man eigentlich erwartet, „wilder", was sie aber umso spannender machte!

Die Kaffeeproduktion ist zu komplex, als dass pauschal der ein- oder anderen

Varietät, gepaart mit der ein oder anderen Verarbeitungsform den Vorzug gegeben werde könnte oder sollte. Und die neutrale Bewertung eines Kaffees ist wiederum etwas anderes als die persönliche Vorliebe oder Kaufentscheidung, die sich nach firmenspezifischen Bedürfnissen richtet. Aber sehen wir es doch einfach so: Derselbe geerntete Kaffee, unterschiedlich verarbeitet (wobei hier je nach Anbauland/-region noch das vollständige Waschen eines Kaffees oder als Sonderform das Wet hulling, „Nass-Schälen", in einigen Anbaugebieten Indonesiens hinzuzurechnen wären), schmeckt auf Grund einer Vielzahl chemischer Prozesse jeweils anders, zum Teil sehr deutlich anders. Und kann es für alle Beteiligten, Produzenten, Käufer, Röster, Konsumenten etwas Schöneres geben als eine große Vielfalt, aus der man das für sich jeweils Richtige rauspicken kann?

Der Run auf Microlots

Und die Käufer sind unterwegs! Vor allem die Käufer von Microlots, also den hoch bewerteten Kaffees, von denen es oft nur 5, 10, 20, 40, oder wie in einem erlebten Fall nur 2,5 Säcke gibt. Und der Microlot-Markt ist heiß! Justin Miles, den ich im ersten Bericht bereits erwähnt habe, reist zwei Monate durch Lateinamerika, um einen Container mit Microlots zu befüllen. Er war bereits einige Tage vor uns auf der Fazenda Ambiental Fortaleza (FAF) und hat sich dort gut eingedeckt mit Kaffees von João Hamilton, Gertrudes&Celseo und den Menussi-Brüdern. Im Abstand von zwei Tagen war uns stets Tim Wendelboe auf den Fersen, sowohl auf der FAF als auch bei Bourbon Specialty Coffee. Und Tim Wendelboe kauft alles auf, was gut, teuer und nicht niet- und nagelfest ist (sprich, Kaffees, für die noch keine anderer den Finger gestreckt hat).

Sowohl auf der FAF als auch bei Bourbon klingelte ständig das Telefon, Käufer aus aller Welt riefen an auf der Suche nach Microlots. Und wer sich nur ein wenig durchs Web liest wird schnell erkennen – und das bestätigt auch die Erfahrungen, die wir in Brasilien gesammelt haben –, dass die Nachfrage nach Microlots nicht gedeckt werden kann. Es gibt also noch viel zu tun für die Produzenten rund um den Globus! Der Markt braucht mehr hochwertige Microlots. Und die Produzenten haben es in der Hand, gute

Kaffees … und gutes Geld zu machen!

Kapitel 4

Von Instantkaffee und anderen Greueltaten

Kaffee ist eine verrückte Ware: romantisiert, emotionalisiert, öffentlichkeitssensibel und zugleich knallhartes Multimilliarden-Geschäft. In der großen weiten Welt des Kaffees finden sie alle ihren Platz: von wohltätigkeitsgetriebenen Weltverbesserern auf der Suche nach Lebensinhalt bis hin zu eigenewohltätigkeitsgetriebenen Geschäftsleuten, bei denen Neapel als Geburtsort im Reisepass stehen könnte. Könnte man sagen.

Mit zunehmendem Alter und mit zunehmender Erfahrung nahm bei mir die Überzeugung zu, dass der Unterschied zwischen den Weltverbesserern und den „Neapolitanern" im Wesen gar nicht so groß ist. Für alle gilt: Kaffee wird nicht zum Spaß verkauft; es muss was auf dem Konto hängen bleiben – bei den einen etwas mehr, bei den anderen „noch etwas mehr".

Und Kaffee bietet viele Möglichkeiten, gute Geschäfte zu machen, im Großen wie im Kleinen: von Instantkaffee über „Bohnenkaffee" zu Pads und Kapseln bis hin zu Spezialitätenkaffees aus den abgelegensten Bergregionen von Irgendwoherland. Und nichts ist so aktuell wie das Gestrige. Aber lesen Sie selbst ...

Instantkaffee weiter auf dem Vormarsch.
Libyen finanziert Kaffee-Fabrik in Uganda

09.04.2008
Eine weitere Bestätigung meiner Beobachtung, dass Instantkaffee, in meinen Augen eine der schrecklichsten Erfindungen der Menschheit, weiter auf dem Vormarsch ist, fand ich im Newsletter von Comunicaffe International[1] vom 2. April 2008.

In der Meldung dort heißt es, Libyen werde in Uganda den Bau der ersten Fabrik zur Herstellung von Instantkaffee finanzieren. Das Abkommen zwischen den beiden Regierungen Libyens und Ugandas für die Instantkaffee-Fabrik sei bereits im September 2007 unterzeichnet worden. Gemäß der Uganda Coffee Development Authority habe sich Uganda verpflichtet, das für den Bau der Instantaffee-Fabrik notwendige Gelände zur Verfügung zu stellen und den technischen Support zu gewährleisten. Die ugandische Investment Authority habe inzwischen vermeldet, ein Gelände im Navanme Industrial Park in Kampala gesichert zu haben. Libyen habe auf der anderen Seite zugestimmt, je nach Größe und Ausstattung der Instantkaffee-Fabrik ein Investment zwischen 20 und 60 Millionen US-Dollar zu tätigen.

Die Fragen sind nun: Für wen ist dieser Instantkaffee bestimmt? Welche Verwendung wird er finden? Und welche Kaffee-Qualitäten werden für den Instantkaffee verarbeitet? Gute Qualitäten finden jedenfalls selten den Weg in die Instantkaffee-Gläser und -Verpackungen. Welche Auswirkungen wird der Bau der ersten Instantkaffee-Fabrik langfristig auf die Kaffee-Produktion in Uganda haben? Wann wird – ein Erfolg vorausgesetzt – die nächste Fabrik gebaut werden? Sicher, es werden ein paar Arbeitsplätze in und im Umfeld der Fabrik geschaffen werden. *Größere* Bevölkerungsteile könnten aber höhere Einkommen erzielen, wenn der in Uganda durchaus vorhandene Wille zur Erzeugung höherer Kaffee-Qualitäten konsequent verfolgt werden würde. Höhere Qualitäten bringen höhere Preise. Und genau dafür könnte die neue Instantkaffee-Fabrik eine Bedrohung werden.

---

1 www.comunicaffe.com

Die Bedrohung – wie ich es sehe – hat aber bereits begonnen: zwei ugandische Röster lassen in der TANICA soluble coffee factory[1] in Bukoba/Tansania löslichen Kaffee produzieren, füllen ihn in Kampala ab (bzw. um) und bringen ihn auf die lokalen und regionalen Märkte. Bald wird noch mehr Instantkaffee in Umlauf sein ...

1 www.tanicacafe.com

Gentech-Kaffee: Wo wird Nestlés patentierter, genmanipulierter Kaffee angebaut (werden)?

01.04.2008

Es mag wie kalter Kaffee klingen, aber bald wird er vielleicht heiß getrunken werden: der genmanipulierte Instantkaffee von Nestlé! „Kalter Kaffee“ (im Sinne von „Schnee von gestern“), weil, wie Greenpeace[1] vermeldete, das Europäische Patentamt dem im schweizerischen Vevey ansässigen Lebensmittelkonzern Nestlé das Patent EP 1436402 bereits am 22. Februar 2006 erteilte; bald „heiß getrunken“, weil der Herstellung des genmanipulierten Kaffees von genehmigungsformaler Seite, so wie es sich dem Leser darstellt, nichts mehr im Wege steht.

Mit dem Patent EP 1436402, genauer, EP 1436402 B1 unter dem Namen „Kaffeepflanze mit verringerter alpha-d-galaktosidase-aktivität“[2], soll die Kaffeepflanze dahingehend verändert werden, dass das Kaffeepulver durch das Blockieren eines Enzyms noch besser löslich gemacht werden kann, wie es dazu weiter in der Meldung von Greenpeace hieß. Das Patent bezieht sich, wie unter den Patentansprüchen[3] nachzulesen ist, auch auf die „Verwendung von Kaffeebohnen, die von einer Kaffeepflanze nach irgendeinem der vorausgehenden Ansprüche erhalten wurden, zur Herstellung von löslichem Kaffee“ sowie dem „Verfahren zur Erhöhung der Löslichkeit von Kaffee …“ und dem „Verfahren zur Herstellung eines löslichen Kaffees …“.

Eine höhere Löslichkeit erlaubt natürlich, und darin liegt vermutlich die ganze Idee des Patents, weniger Kaffee je Portion verwenden zu können. *Aus weniger mach mehr.*

Was verwundert, ist die Tatsache, dass, bis auf Pressemeldungen und

---

1 www.greenpeace.de/themen/patente/presseerklaerungen/artikel/nestle_nescafe_gentechnik_kaffee

2 http://worldwide.espacenet.com/publicationDetails/originalDocument?FT=D&date=20060222&DB=EPODOC&locale=en_EP&CC=EP&NR=1436402B1&KC=B1&ND=4

3 „European Patent Specification“ (Adresse s. Fußnote 2), Seite 17 des dort angezeigten Dokuments (kann auch als PDF heruntergeladen werden).

-erklärungen wie z. B. bei Verivox[1] oder Greenpeace im Zeitraum Februar bis April 2006 – und die von einigen Bloggern wie im Konsumblog[2] oder im Werbeblogger aufgegriffen wurden –, bis zum heutigen Tage ganz offenbar nichts mehr über dieses Patent bzw. den Anbau dieses manipulierten Kaffees geschrieben wurde. Meine Recherchen kreuz und quer durch das Internet verliefen im Sande. Auch Nachfragen bei einschlägigen Kaffee-Organisationen wie dem Deutschen Kaffee Verband[3] blieben ohne Ergebnis. Weniger verwunderlich ist es hingegen, dass die Patentvermarktungsgesellschaft PROvendis auf ihrer „Life Sciences Plattform"[4] auf das Patent aufmerksam macht. Für Hinweise, was seit der Patentgenehmigung geschehen ist, wäre ich deshalb sehr dankbar! Wir würden jedenfalls ganz gerne wissen, wo und (wenn ja) seit wann der genmanipulierte Kaffee von Nestlé angebaut wird, und in welchen Kaffee-Getränken aus Nestlés „Kaffee und kulinarische Produkte"-Division wir uns schon jetzt auf ihn freuen dürfen, auch wenn sicher noch einige Jahre bis dahin ins Land gehen.

Wer sich über die „Kaffeepflanze mit verringerter alpha-d-galaktosidase-aktivität" und weitere kaffeespezifische Patente informieren möchte, findet unter www.freepatentsonline.com[5] reichlich Lesestoff (PS: Sie müssen sich allerdings zuerst registrieren, was aber völlig unkompliziert ist und schnell geht).

---

1 Anm. 21.04.2012: Der Artikel wurde zwischenzeitlich von der Verivox-Site entfernt.

2 http://konsumblog.de/konsumarchiv/2006/04/06/patent-fuer-gentechnik-kaffee

3 www.kaffeeverband.de

4 Anm. 21.04.2012: Auf der Life-Science-Website heißt es inzwischen:
Sehr geehrte Nutzer,
wir haben die Website www.lifesciencepatente-nrw.de zum Jahreswechsel 2011/2012 eingestellt. Informationen rund um Themen wie Innovationen, Patente und Schutzrechte – speziell auch aus dem Bereich Life Sciences – entnehmen Sie bitte künftig der Website www.provendis.info, in die wir die Inhalte dieses Internetauftritts integriert haben.
Auf der Provendis-Website konnte ich bei einer aktuellen Recherche den Hinweis auf das Patent EP 1436402 B1 allerdings nicht mehr finden.

5 www.freepatentsonline.com

Bald erster Instantkaffee aus Äthiopien! Ein Grund zur Freude oder zur Trauer?

13.08.2008

Wer nach Äthiopien reist, der wird nach seiner Rückkehr von vielen Dingen zu erzählen haben, vor allem aber von einem: der Kaffee-Zeremonie! Keine Haushalt und kaum ein Restaurant, in dem nicht mehrmals täglich nach einem klar vorgegebenen Ablauf Kaffee frisch geröstet und getrunken wird. Diese noch gar nicht so alte, aber dennoch tief in der äthiopischen Gesellschaft verankerten Form des zelebrierten Kaffeegenusses wird vermutlich bald eine ernstzunehmende Konkurrenz im eigenen Land bekommen: Instantkaffee, hergestellt im großen Stil von einem amerikanischen Investor!

Äthiopien ist mittlerweile bekannt für seine vergleichsweise liberale Wirtschaftspolitik. Diese erleichtert den Einstieg ausländischer Investoren, auch und gerade im Kaffee-Sektor. So sicherte sich im vergangenen Jahr das in den USA ansässige Unternehmen B&D Food Corporation[1] über seine äthiopische Tochtergesellschaft BDFC Ethiopia Industry PLC[2] die Babiya Farm nahe Jimma im Südwesten Äthiopiens, mit dem Ziel, unter der Regie eines brasilianischen Experten eine 5000 Hektar große Kaffeeplantage anzulegen. Mittlerweile soll die Fläche für eine erste Teilbepflanzung von ca. 1000 Hektar vorbereitet sein[3]; für 2010 rechnet das Unternehmen mit der ersten Ernte.

---

1 Anm. 21.04.2012: Die B&D Food Corp. nennt sich inzwischen Latteno Food Corp.: Latteno Food Corp. focuses on acquiring, organizing, developing, and upgrading companies in the food and beverage markets, with a focus on dairy and coffee industries. The company, through its subsidiary, Global Milk Ltd., produces and distributes dairy products under the Teixeira brand name in Brazil. It was formerly known as B&D Food Corp. and changed its name to Latteno Food Corp. in September 2009. The company is based in Markham, Canada. (entnommen aus: http://investing.businessweek.com/research/stocks/snapshot/snapshot.asp).

2 http://finance.boston.com/boston/news/read?GUID=4523907

3 www.wnd.com/markets/news/read/4523907/bdfc_ethiopia_ hires_brazilian_coffee_agronomical_expert

Zum B&D-Konzern zählen weitere Unternehmen, die eine Kaffee-Wertschöpfungskette von der Produktion bis hin zur Zubereitung beim Endverbrauchen gestalten: Neben der ältesten Konzerntochter BDFC Brazil-Cruzeiro, mit einer Produktionskapazität von 9.600 Tonnen Instant- und Röstkaffee erwarb B&D die Mehrheit u. a. an Brasiliens zwölftgrößtem Röster Socan Produtos Alimentícios Ltda sowie der Leite Canaan Indústria e Comércio Ltda, einer Molkerei mit einer Leistung von jährlich 6.000 Tonnen Trockenmilchpulver. In Äthiopien führt das Unternehmen angeblich Verhandlungen über den Erwerb weiterer Plantagen[1].

Eine der Visionen von B&D ist, einer der big player im globalen Kaffeegeschäft zu werden. Um dieses Ziel zu erreichen, wird der Erwerb weiterer Plantagen, Verarbeitungsanlagen und Distributoren rund um den Globus angestrebt. Vom Anbau bis zum Fertigprodukt soll alles unter eigener Regie erfolgen.[2]

Mit dem Bau Afrikas größter Kaffee-Verarbeitungsanlage nahe Äthiopiens Hauptstadt Addis Abeba ist denn auch schon der nächste große Coup in Planung. In Buryai, 25 km von Addis Abeba entfernt, sollen bis zum Ende des Jahrzehnts jährlich 12.000 Tonnen Röst- und 3.600 Tonnen Instantkaffee für die internationalen Märkte hergestellt werden und damit vor allem die wachsende Nachfrage nach Kaffee-Spezialitäten in Nordamerika, Europa und Japan, aber auch die explodierenden Märkte in China und Indien bedient werden. Ein Abkommen mit Buryais Bürgermeister Daba Dabele soll, wie in „the Free Library" zu lesen ist[3], bereits unterzeichnet sein. Vielleicht werden auch in Deutschland Nescafé & Co. eine neue Konkurrenz in den Regalen der Supermärkte bekommen – direkt als Instantkaffee (was aber eher unwahrscheinlich ist) oder indirekt als Bestandteil einer Kaffee-Spezialität.

---

1 www.qualitystocks.net/newsletter/012809.html

2 www.wnd.com/markets/news/read/3274690/b&d_food_corp

3 www.thefreelibrary.com/B%26D+and+Ethiopian+President+Will+Place+Corner+Stone+for+Large+Coffee...-a0175114414

Welche Signalwirkungen gehen von diesem Schritt aus?
Mit Sicherheit schafft das Unternehmen in gewissem Umfang lokale Arbeitsplätze. Doch in wessen Taschen wird die Wertschöpfung fließen. Ob mit Instantkaffee auch der afrikanische Markt erschlossen werden soll, ist offen. Bisher ist „Africafe“ der tanzanischen Tanganyika Instant Coffee Company das einzige mir bekannte afrikanische Instantkaffee-Produkt. (Africafe wird in Deutschland u. a. über Weltladen24 und El Puente vertrieben.) Eine zweite Fabrik wird gerade in Uganda gebaut, finanziert von Libyen; mit der BDFC-Fabrik in Äthiopien kommt die dritte auf dem afrikanischen Kontinent hinzu. Dass sich mit derlei Fastfood-Getränken auch breitere afrikanische Käuferschichten erschließen lassen, ist gut möglich. Und selbst in Äthiopien, dem einzigen Kaffee-produzierenden Land Afrikas, in dem in bedeutendem Umfang Kaffee konsumiert wird, kann es inzwischen passieren, dass nicht zur Kaffee-Zeremonie, sondern zu einem überzuckerten Nescafé eingeladen wird.

Derzeit ist nicht absehbar, ob die Errichtung von 5.000 Hektar Kaffeeplantagen nicht auch mit einem Verlust von wertvollen Primärwäldern verbunden ist. Wie aus langjähriger Forschung[1] bekannt ist, schwinden die ursprünglichen Kaffee-Wälder gerade im Südwesten Äthiopiens, also genau dort, wo die Plantage angelegt wird, mit rasanter Geschwindigkeit und mit ihnen unwiederbringlich ein weiteres Stück biologischer Vielfalt.

Auch die beabsichtigte Gefriertrocknung[2] als Herstellungsverfahren für den Instantkaffee ist aufgrund des hohen Energieaufwands ökologisch kritisch zu bewerten. Dass Äthiopien in großem Maße von fossilen Energieträgern abhängig ist, Energie an sich aber großzügig subventioniert wird, freut den Investor, hinterlässt beim kritischen Betrachter aber einen noch faderen Nachgeschmack, als ihn der Instantkaffee an sich schon verursacht.

1 www.coffee.uni-bonn.de

2 www.thefreelibrary.com/B%26D+and+Ethiopian+President+Will+Place+Corner+Stone+for+Large+Coffee...-a0175114414

Von mariniertem und gefärbtem Kaffee. Da sag einer, früher sei alles besser gewesen!

09.11.2011
Fast wie einst in den Schlachthöfen von Chicago, in denen angeblich bis auf das Grunzen der Schweine alles verarbeitet wurde:

„Triage (Brennware) nennt man schlechte, aus zerbrochenen schwarzen und oft mit Schalen gemischten (Kaffee-)Bohnen bestehende Sorten, die geröstet und gemahlen von den Kleinhändlern vertrieben werden. Noch schlechter ist havarierte oder marinierte Ware, d. h. solche, die auf der Überfahrt mit Seewasser in Berührung gekommen und ausgelaugt ist. Havarierter Kaffee wird oft gefärbt, mit Glasiermitteln geröstet und mit unverdorbenem Kaffee gemischt."[1]

---

1 Meyers Großes Konversations-Lexikon, Band 10. Leipzig **1907**, S. 418-423.

Kaffee verhilft der Einbildungskraft zu größerer Lebhaftigkeit ...

07.11.2011

... glaubte man zumindest im 19. Jahrhundert. Wer wiederum das nicht glaubt, der lese nach in „Meyers Konversationslexikon"; *Autorenkollektiv, Verlag des Bibliographischen Instituts, Leipzig und Wien, Vierte Auflage, 1885-1892:*

Die allgemeine Verbreitung des Kaffeegenusses erklärt sich aus der eigentümlichen günstigen Wirkung des Kaffees auf den menschlichen Organismus.

Dieselbe wird durch das Kaffein und die empyreumatischen Röstprodukte, aber auch durch die Kaffeegerbsäure und das flüchtige Öl, welches das Aroma des Kaffees bedingt, hervorgebracht. Doch ist diese Wirkung um so weniger vollständig zu erklären, als sie scheinbar einen Widerspruch in sich enthält. Der Kaffee regt nämlich das Gefäß- und Nervensystem zu einer größern Thätigkeit an und verlangsamt anderseits die Umsetzung der Formbestandteile des Körpers. Eine mittlere Dosis (15 g), als Aufguß heiß getrunken, beschleunigt den Puls, erzeugt ein Gefühl von Wärme (großenteils nur durch das heiße Wasser), setzt die Zahl der Atemzüge herab, regt die geistigen Fähigkeiten an, so daß man leichter denkt und arbeitet, verscheucht den Schlaf, erzeugt oft eine Empfindung von allgemeinem Wohlbehagen und vermehrt stark die Absonderung von Urin, während die Ausscheidung von Harnstoff und Kohlensäure herabgesetzt wird.

Der Kaffeeaufguß enthält selbst nur wenig Nahrungsstoff, aber die Erfahrung lehrt, daß Arbeiter beim Genuß von Kaffee weniger stickstoffhaltige Nahrung bedürfen als ohne denselben; Soldaten haben, gestärkt durch Kaffee, Strapazen ertragen, die sie ohne diesen nicht ausgehalten haben würden. Daß der Kaffee die Verdauung anrege und die Beschwerden einer reichlichen Mahlzeit verringere, ist eine irrtümliche Annahme; starker Kaffee wirkt im Gegenteil störend auf die Verdauung. Das Wohlbehagen, welches die unmittelbar nach Tisch genossene Tasse Kaffee thatsächlich hervorbringt, ist vielleicht nur durch die angenehme psychische Anregung zu erklären. Der Kaffee beschränkt auch die Neigung zu Spirituosen und verscheucht den Rausch.

Während der Thee vorzugsweise die Urteilskraft erweckt und ihrer Thätigkeit ein Gefühl von Heiterkeit zugesellt, wirkt Kaffee zwar auch auf das Denkvermögen erregend, verhilft aber auch der Einbildungskraft zu viel größerer Lebhaftigkeit. Die Empfänglichkeit für Sinneseindrücke wird durch den Kaffee erhöht, daher einerseits die Beobachtung gesteigert, auf der andern Seite aber auch die Urteilskraft geschärft, und die belebte Phantasie läßt sinnliche Wahrnehmungen durch Schlußfolgerungen rascher bestimmte Gestalt annehmen. Es entsteht ein gewisser Drang zur Produktivität, ein Treiben der Gedanken und Vorstellungen, eine Beweglichkeit und Glut in den Wünschen und Idealen, welche mehr der Gestaltung bereits durchdachter Ideen als der ruhigen Prüfung neuentstandener Gedanken günstig ist. „Der Kaffee", sagt Jean Paul, „macht feurige Araber, der Thee zeremonielle Chinesen."

Die verdünnten Aufgüsse, wie sie gewöhnlich getrunken werden, haben meist nur eine sehr geringe Wirksamkeit; habitueller Genuß starken Kaffees aber beeinträchtigt etwas die Verdauung, erzeugt gewöhnlich Neigung zur Verstopfung (bisweilen das Gegenteil) und läßt allmählich eine gewisse nervöse Reizbarkeit hervortreten.

Nach langem Gebrauch kann der Kaffee, wie Alkohol, zu einem notwendigen Bedürfnis werden, dessen Entbehrung schädliche Folgen, namentlich Unlust und Unfähigkeit zu angestrengter geistiger Arbeit, bedingt. In großer und sehr starker Gabe erzeugt der Kaffee Herzklopfen, starke Pulsbeschleunigung, Kongestionen nach dem Kopf, starke psychische Erregung, weiterhin allgemeines Zittern, Angst, Unruhe.

Schädliche Folgen des Kaffeegenusses treten am ehesten bei Kindern und Personen, welche als nervös bezeichnet werden, auf; am zuträglichsten erweist er sich bei Erwachsenen, die nicht leicht erregbar, nicht zu Kongestionen nach dem Kopf disponiert sind.

Als Arzneimittel dient Kaffee gegen Erbrechen, akuten Darmkatarrh nach Durchnässungen, bei dem durch narkotische Substanzen in Vergiftungsfällen entstandenen Sopor und Coma und namentlich bei manchen Formen des Kopfschmerzes. Sehr wohlthätig hat sich Kaffee als kaltes Getränk bei Feldarbeiten bewährt, indem man 600 g gemahlenen Kaffee nebst 15 g Zimt mit 5,75 Lit. Alkohol extrahiert und von dieser Kaffee-Essenz 0,5 kg mit 1 L. Weingeist (86°), 125 L. Wasser und 2,25 kg Zucker mischt. Aus der Essenz bereitet man auch einen Likör, und an manchen Orten sind Kaffee-Creme und Kaffee-Eis beliebt.

Kapitel 5

Leben in Kanada und Kaffee verkaufen in Deutschland

Dieses Kapitel bedarf keines Vorspanns

Leben in Kanada und Kaffee verkaufen in Deutschland. Wie alles anfing.

02.09.2008

Ob man in Kanada leben und in Deutschland Kaffee verkaufen kann? Ja das geht! Und zwar sehr gut. Ich mache es mit meiner Firma Maskal – fine coffee company nun schon eine ganze Zeitlang, und ich möchte zunächst darüber berichten, wie alles anfing ... und warum man in einer schwierigen Situation nicht aufgeben sollte.

Die Vorgeschichte

Angefangen hat alles auf dem Frankfurter Flughafen, morgens um 6 Uhr, als meine heutige Frau und ich nebeneinander standen, und jeder auf sein verspätetes Gepäck wartete. Man redet ein wenig miteinander, tauscht E-Mail-Adressen aus, schreibt sich gelegentlich zwischen Deutschland (wo ich wohnte) und Kanada (wo sie wohnt) hin und her.

Als dann im April 2005 meine erste Frau in noch jungen Jahren verstarb, plötzlich, unerwartet (es fällt mir noch immer schwer, diese Zeile zu schreiben), war plötzlich alles anders. Maskal war damals ein typisches „Familienunternehmen“, in dem meine Frau zahlreiche Tätigkeiten abdeckte. Wir waren viel unterwegs, akquirierten unsere Kundschaft primär auf Messen und Veranstaltungen und verkauften den Kaffee parallel dazu, aber eher als „Nebengeschäft“, über unseren Online-Shop. Zwei bis drei Mal pro Jahr war ich in Äthiopien, um in Addis Abeba meine Verkostungstrainings zu absolvieren, um weiter über den äthiopischen Kaffee zu lernen, Projekte voranzutreiben, Anbaugebiete und Kooperativen zu besuchen oder um unsere Kaffee-Studienreisen vorzubereiten, die wir dann mehrmals durchgeführt haben. Und plötzlich stand ich alleine da, mit einem Arbeitsaufwand, der nicht mehr von einer einzigen Person zu bewältigen war ... Aber ich hatte kein Recht zu klagen, das habe ich mir immer und immer wieder, Tag für Tag gesagt; ich war es schließlich, der leben durfte!

Wäre mein Schwager damals nicht gewesen – ich glaube nicht, dass ich es geschafft hätte, das Geschäft aufrechtzuerhalten. Er hat an allen Ecken und

Enden geholfen. Ich selbst war, auch wenn ich mich immer wieder aufzubauen versuchte, in einer tiefen Krise. Wer nach 20 Jahren den Partner verliert, ist einfach in einer Krise; man hat das tiefe innere Gefühl, nur noch die Hälfte einer Person zu sein. Und dieses Gefühl hält lange an …

Der Neubeginn

Um es kurz zu machen, Clementine, so heißt meine zweite Frau, hat mich dann irgendwann nach Kanada eingeladen. Im Oktober 2006 haben wir geheiratet und im Januar 2008 eine wunderbare Tochter bekommen. Inzwischen habe ich meine „dauerhafte Aufenthaltsgenehmigung“, einen kanadischen Führerschein, bin krankenversichert und wenn ich will, kann ich in drei Jahren die kanadische Staatsbürgerschaft beantragen. Manch einer mag denken (und hat es auch gedacht!), dass dies alles ein wenig zu schnell ging. Nein, beim Blick auf meine Frau und meine Tochter weiß ich, es war die richtige Entscheidung.

Fast zwei Jahre lang bin ich aber erst einmal zwischen Deutschland und Kanada hin- und hergependelt, unterbrochen durch Flüge nach Äthiopien, Jemen und Ruanda. Im Gegensatz zu Jemen und Äthiopien war Ruanda allerdings weitgehend privater Natur, denn dort hielten wir unsere traditionelle Hochzeit ab (Clementine ist aus Ruanda gebürtig).

Der Umzug

Im Oktober 2007 bin ich schließlich komplett umgezogen. Ich betone „umgezogen“, denn ich betrachte mich nicht als Auswanderer. Die Entscheidung für Kanada fiel, weil Clementine dort eine sehr gute, unbefristete Stelle hat und ich als Selbstständiger deutlich flexibler bin als sie. Also bin ich umgezogen, von A nach B, mit ein bisschen Wasser dazwischen, sozusagen mit dem Flugzeug „um die Ecke“.

Während all dieser Zeit galt es natürlich, Kaffee zu verkaufen. Und nachdem klar war, dass ich umziehen werde, war die größte Herausforderung, das Geschäft völlig neu zu strukturieren und zu organisieren.

Leben in Kanada und Kaffee verkaufen in Deutschland. Die neue, dezentrale Organisation von Maskal – fine coffee company

03.09.2008

An dieser Stelle möchte ich berichten, wie ich Stück für Stück die betriebliche Struktur für unseren Online-Kaffee-Verkauf in Deutschland neu gestaltet und mein Büro nach Kanada, genauer gesagt nach Ottawa, verlegt habe.

Aus dem einstigen kleinen „Familienunternehmen" ist ein kleines, dezentral organisiertes Unternehmen geworden. Schon vor meinem Umzug war ich gezwungen gewesen, Tätigkeiten auszulagern; es war unmöglich alles alleine zu bewältigen. Dieser Trend setzte sich nach dem Umzug fort, und zu den Leuten, mit denen ich schon seit längerer Zeit zusammenarbeitete, kamen zwei neue hinzu.

Die Struktur von Maskal – fine coffee company sieht nun wie folgt aus:

Bochingen, Ba-Wü.: Lager, Versand, Büro 1 (Andrea)
Mainaschaff, Hessen: Rösterei (Rainer)
Koblenz, Rheinland-Pfalz: Messen (Medhane)
Baden-Baden, Ba-Wü.: Layout (Roland)
Halle, Sachsen-Anhalt: Programmierung (Andreas)
Mijas/Málaga, Spanien: Website (Ute)
Ottawa, Kanada: Büro 2 (Hans)

Die Fäden werden von mir von Ottawa aus zusammengehalten. Die Kommunikation erfolgt via E-Mail, Skype und Chat.

Die neuen Büros

Die Teilverlagerung meines Büros vom alten Firmensitz im schwäbischen Irslingen (bei Rottweil) ins 14 km entfernte Bochingen war vergleichsweise harmlos. Da Andrea schon seit Herbst 2005 für mich in einem eigenen Büro arbeitete, musste ich ihr im Prinzip nur die richtigen Ordner vorbeibringen. Ganz in der Nähe ihres Büros ergab sich zudem die glückliche Gelegenheit, einen Lagerraum anzumieten, sodass „Büro 1", Lager und Versand nun in einer Hand liegen. Andrea ist neben dem Versand für die Buchhaltung zuständig.

Aufwendiger hingegen war die Einrichtung des zweiten Büros in Ottawa. Da ich bis Oktober 2007 zwischen Kanada und Deutschland pendelte, konnte die Einrichtung nur in einzelnen Schritten erfolgen. Es hat sich sehr schnell gezeigt, dass es auf Grund vieler kleiner und größerer technischer/ elektrischer Unterschiede keinen Sinn machte, auch nur ein einziges Gerät wie PC, Drucker etc. aus Deutschland mitzubringen; außerdem brauchte ich ja alle diese Arbeitsgeräte für die Zeiten, die ich mich in Deutschland aufhielt.

So habe ich mir nach und nach eine komplett neue Büroausstattung zugelegt, vor allem einen Mac statt einen PC! Bis aber alles reibungslos lief, vom hausinternen Router bis zu allen möglichen Applikationen, und bis alle Daten übertragen waren, da waren doch manche Schweißperlen von der Stirn getropft und stundenlange Telefonate mit indischen Callcenters ins Land gegangen. Dennoch, im Oktober 2007 stand und funktionierte alles; bis dahin arbeitete ich abwechselnd in Deutschland, im Flugzeug sowie in Ottawa am PC meiner Frau und in meinem „Büro im Aufbau“. Im Nachhinein muss ich sagen, dass trotz des unsteten Lebens in dieser Zeit eigentlich alles recht gut geklappt hat.

Unsere „globalisierten“ Bürozeiten

Was die Bürozeiten betrifft, so arbeiten wir „globalisiert“: Andrea vormittags in Bochingen von 8:00 bis 12:00 Uhr, ich in Ottawa gleichfalls von 8:00 bis 12:00 Uhr, was aufgrund der Zeitverschiebung 14:00 bis 18:00 Uhr deutscher Zeit entspricht; das Maskal-Büro ist somit ganztags besetzt.

Anfangs habe ich auf unserer Maskal-Website für die nachmittägliche Bürozeit eine kanadische Rufnummer angegeben. Da aber, wie ich bald feststellte, eine gewisse Hemmung besteht, „nach Übersee“ anzurufen (erstaunlicherweise auch bei jüngeren Leuten), und (ebenfalls erstaunlicherweise) weiterhin der Irrglaube besteht, es wäre teuer, von Deutschland nach Kanada zu telefonieren (mit Billigvorwahl durchschnittlich 2 Cent/min!), habe ich mir kurzerhand eine SkypeIn-Nummer besorgt. Der entscheidende Vorteil dabei ist, dass ich nun eine deutsche Rufnummer habe, und kein Mensch der anruft weiß, dass sein Anruf aus dem Telefonnetz heraus über einen Server ins Internet geht und bei mir auf der anderen Seite des Teiches im Rechner wieder rauskommt. Die Technik macht es möglich ...

Die neue, dezentrale Struktur von Maskal – fine coffee company erforderte selbstverständlich eine Anpassung der organisatorischen Abläufe an diese Struktur. Über die aktuellen internen Abläufe, vom Einkauf des Rohkaffees bis hin zum Versand des Röstkaffees, und warum das alles funktioniert, berichte ich in nachfolgendem Artikel.

Leben in Kanada und Kaffee verkaufen in Deutschland. WIE es funktioniert.

06.09.2008

Im vorausgegangenen Beitrag habe ich über die dezentrale Struktur von Maskal und der Verteilung der einzelnen Tätigkeiten auf die Länder **Deutschland**, **Kanada** und **Spanien** berichtet. Auch wenn ich von Ottawa aus die Fäden in den Händen halte und die Geschäfte führe (was für die Besteuerung noch wichtig sein wird), eine Zentrale im engeren Sinne gibt es nicht – nur einzelne „Zellen“, die mehr oder weniger intensiv untereinander kommunizieren. In keiner dieser „Zellen“ arbeitet mehr als eine Person. **Warum** dies alles funktioniert, darüber berichte ich im nächsten Artikel, **wie** es funktioniert, wie also die Abläufe geregelt sind, darüber berichte ich jetzt.

Der Rohkaffee

Alles, was den Rohkaffee anbelangt, ist meine Sache. Von meinem Büro in Ottawa aus entscheide ich, welche Kaffees wir neu ins Programm aufnehmen und welche wir rausnehmen. Ich kaufe die Kaffees und lasse sie per Spedition zur Rösterei schicken.

Der Röstkaffee

Andrea, die in Bochingen stets die Lagerbestände unseres bereits gerösteten Kaffee im Visier hat, informiert mich, bis wann wir von welchem Röstkaffee wie viel neu brauchen werden. Daraufhin leite ich den entsprechenden Röstauftrag an die Rösterei in Mainaschaff weiter.

Ist der Auftrag erledigt, erhalte ich von der Rösterei eine fortlaufende Excel-Tabelle, sodass ich immer einen Überblick über die noch vorhandenen Rohkaffees habe. Entsprechend rechtzeitig kann ich beim entsprechenden Importeur nachbestellen.

Der nach einprogrammierten Vorgaben geröstete Kaffee bzw. Espresso wird über Verpackungsmaschinen in unsere eigenen Tüten abgefüllt. In Kartons gepackt, wird er auf Paletten ins Lager nach Bochingen geschickt.

Die Rechnungen gehen als Original nach Bochingen und per E-Mail an mich. Via Online-Banking überweise ich die Beträge vom deutschen Geschäftskonto aus an die Rösterei.

Der Versand

Andrea, die täglich mehrmals die Bestellungen im Online-Shop abruft und telefonische Bestellungen entgegennimmt, verschickt den Kaffee in der Regel am Folgetag zu den Kunden.

Unsere buchhalterische Verwaltung erfolgt über „Topix". Nach Ablauf eines Monats schickt mir Andrea alle relevanten Zahlen zu, sodass ich immer genau weiß, wie viel wir von welchem Kaffee verkauft haben, wie viele Neukunden es im betreffenden Monat gab u. v. m. Auf Basis dieser Zahlen lege ich dann in gewissen Zeitabständen die mittel- und langfristige Strategie fest.

Die Kundenakquise

Bis zum Umzug nach Kanada bin ich selbst mit meiner ersten Frau, später mit meinem Schwager und Freunden, die mich unterstützt haben, auf viele (Feinkost-) Messen und Veranstaltungen gefahren. Diese Messen und Veranstaltungen waren bis dahin das zentrale Element der Kundenakquise; es wurde nach dem Umzug von Medhane, der in Koblenz wohnt, übernommen. Was die Veranstaltungen angeht, setzt er inzwischen allerdings andere Schwerpunkte.

Mittlerweile nimmt die Akquise im Internet immer mehr Raum ein. Sie läuft über unterschiedliche „Kanäle" und ist zu einem meiner zentralen Arbeitsschwerpunkte geworden. Die Ortsunabhängigkeit bei dieser Tätigkeit spielt mir dabei natürlich in die Hände.

Layouts

Bei Layouts jeglicher Art, ob Flyer, Poster, Tüten oder Website ist Roland in Baden-Baden gefragt. Er ist Grafiker und macht alle Layouts schon seit Jahren für uns. Texte und Bilder stelle ich ihm jeweils zur Verfügung, er gestaltet, schickt mir einen ersten Entwurf als PDF-Datei zu, dann geht es noch einige Male per E-Mail hin und her, bis das endgültige Layout steht. Je nach Dateiformat schicken entweder er oder ich den Auftrag an die Druckerei.

Die Website und das Kaffee-Blog

Alles, was mit der Programmierung zu tun hat, sei es Website oder Blog, ist Sache von Andreas. Er wohnt seit einigen Jahren in Halle und ist ein versierter, sehr erfahrener Programmierer, dessen Ratschlägen ich immer Folge leiste. Wir arbeiten bedarfsorientiert und „skypen" meist mehrmals in der Woche miteinander. Gerade eben habe wir uns allerdings für einen Jour fixe entschieden. Gibt es einmal Probleme bei den Online-Bestellungen, kommunizieren Andreas und Andrea miteinander.

Im letzten Jahr haben wir die Website auf **Joomla!** und auf **VirtueMart** als Shop-System umgestellt. Da wir aber nicht ganz zufrieden sind, diskutieren wir bereits die nächste Umstellung.

Die Entscheidung für Joomla! fiel nicht nur, weil es eine Freeware ist, sondern weil ich damit im Gegensatz zu früher, als ich mehr auf Messen oder im Ausland war, und ich alle neuen Inhalte Andreas als Datei zuschickte, nun selbst die Inhalte einstellen und bearbeiten kann.

Der Umgang mit Joomla! war für mich natürlich ein umfangreicher Lernprozess. Aber Andreas war und ist ein guter und geduldiger Lehrer, der den großen Vorteil hat, selbst komplexe Sachverhalte so verständlich zu erklären, dass man wirklich alles sofort begreift. Das hat dazu geführt, dass ich heute bis auf wenige Seiten, die er eigens programmieren musste, alle Inhalte selbst einstellen oder ändern kann. Nur in Notfällen muss ich meinen berühmten Hilfeschrei loslassen.

Beim Blog, für das wir WordPress verwenden, kümmert sich Andreas vornehmlich um das Setting und schaut, dass alles problemlos läuft.

Die Website

Mit Ute arbeite ich seit Dezember 2007 zusammen. Sie sitzt im spanischen Mijas und bis vorigen Monat hatten wir dienstags und donnerstags Jour fixe. Wir skypten immer mehrere Stunden und legten fest, was als Nächstes an der Struktur und den Inhalten ändern bzw. verbessern können. Einiges konnte ich selbst umsetzten, das meiste erledigte aber Andreas. Deshalb richteten sich die beiden für einige Monate ebenfalls einen Jour fixe ein. So erfolgte die strukturelle und inhaltliche Optimierung (die selbstverständlich immer ein kontinuierlicher, dynamischer Prozess bleiben wird) im Dreieck Mijas-Halle-Ottawa.

Der Wandel in der Arbeitswelt

An unserem Beispiel lässt sich nachvollziehen, wie entscheidend sich die Arbeitswelt in den vergangenen 10 bis 12 Jahren verändert hat. Der Ort, an dem Menschen gemeinsam an etwas arbeiten, hat in seiner Bedeutung stark an Gewicht verloren. Die Zusammenarbeit erfolgt im virtuellen Raum, und ich bin mir sicher, dass sie in noch einmal 10 Jahren von gänzlich anderer Intensität sein wird.

Wie man dezentral über große Entfernungen arbeiten kann, habe ich oben versucht zu beschreiben. Im nachfolgenden Beitrag geht es darum, welche Voraussetzungen erfüllt sein müssen, dass die Zusammenarbeit nicht nur funktioniert, sondern dass sie vor allem gut funktioniert.

Leben in Kanada und Kaffee verkaufen in Deutschland. WARUM es funktioniert.

07.09.2008
Nachdem ich in den ersten Folgen beschrieben habe, wie alles anfing, wie die Maskal – fine coffee company und der Online-Kaffee-Versand strukturiert sind und wie alles funktioniert, möchte ich an dieser Stelle erklären, **warum**, also unter welchen Voraussetzungen die Arbeit „über den Teich" in einer dezentralen Struktur funktioniert.

Das Wichtigste, um es gleich auf den Punkt zu bringen, ist es, gute, zuverlässige und selbständig handelnde Leute und Kooperationspartner zu haben und sich gegenseitig gut zu kennen; ohne das kann man alles vergessen. Wie das bei uns im Einzelnen aussieht, möchte ich beispielhaft an vier Tätigkeitsbereichen erläutern.

Der Rohkaffee
Beginnen möchte ich mit mir und meinen Importeuren. In den ersten Jahren bin ich viel gereist, vor allem nach Äthiopien, wo ich meine Verkostungstrainings absolviert und viel über den äthiopischen Kaffee gelernt habe. Das hat mich im Laufe der Zeit in die Lage versetzt, die Qualität der Kaffees ziemlich gut beurteilen zu können. Da ich recht „umtriebig" war, bin ich immer wieder auf die tollsten, oft wenig oder sogar noch unbekannte Kaffees gestoßen.

Wollte ich einen dieser Kaffee kaufen, so suchte ich in Deutschland nach einem Importeur, der ihn mir besorgte. Bei kleinen Mengen, die einen Misch-Container erfordern, ist das für den Importeur immer eine recht aufwendige Angelegenheit, weshalb die Suche nach einem „Helfershelfer" bisweilen auch eine aufwendige Angelegenheit sein kann. Aber irgendwann klappt es dann doch immer.

Bei einem Importeur in Bremen hat sich dagegen ein anderes Modell ergeben: Ein von mir vorgelegtes Yirgacheffe-Muster von „Mullege", einem bekannten äthiopischen Exporteur mit einigen eigenen Waschanlagen, hat den Einkäufer so überzeugt, dass er regelmäßig einen Container dieses

Yirgacheffes kauft. Ich selbst decke zum handelsüblichen Preis meinen Bedarf, der Rest steht dem freien Verkauf zur Verfügung. Wer keinen ganzen Container verbraucht, ist auf solche Lösungen angewiesen.

Zurzeit beziehe ich den Löwenanteil meiner Kaffees über Trabocca, ein holländisches Unternehmen mit Sitz in Amsterdam. Zu Trabocca bin ich durch George Howell, Urgestein und Ahnherr der Spezialitätenkaffees in den USA, gekommen, der inzwischen in der Nähe von Boston eine eigene kleine, aber exklusive Rösterei besitzt. Bei Trabocca finde ich die besten und ausgefallensten äthiopischen Kaffees, die man sich nur vorstellen kann. Trabocca kauft aber nicht nur Kaffee in Äthiopien und anderen Ländern, sondern hat inzwischen ein eigenes Verkostungslabor in Addis Abeba. Gleichzeitig investiert das Unternehmen sehr viel in die Qualitätsverbesserungen bei den Produzenten.

Den Laborleiter in Addis Abeba kenne ich übrigens sehr gut; es ist Abraham Begashaw, der ehemalige Leiter des staatlichen Verkostungszentrums CLU, unter dessen „Fittichen" ich einst die erwähnten Verkostungstrainings absolviert habe.

Entscheidend ist, dass ich die Trabocca-Leute und ihre Qualitätskriterien gut kenne. Auf die mir zugeschickten Kaffee-Beschreibungen und Verkostungsergebnisse kann ich mich verlassen; und dort weiß man, welche Vorstellungen und Ansprüche ich meinerseits an die Kaffees habe. Nur auf dieser Grundlage, auf der Grundlage des inzwischen „blinden Vertrauens" ist eine Zusammenarbeit, wie wir sie praktizieren, möglich.

Vom Rohkaffee zum Röstkaffee

Da ich die ersten Jahre viel unterwegs war, kam das eigene Rösten nie infrage. Zuerst ließ ich deshalb meine Kaffees in Hamburg rösten. Der Service war top, die von mir nach einer gewissen Zeit gewünschten längeren Röstzeiten waren aus technischen Gründen dort aber nicht möglich. Daraufhin bin ich zu Thomas Rupp, einer kleineren Rösterei im Schwarzwald, gewechselt. Dort war ich sowohl mit dem Service als auch mit den Röstzeiten äußerst zufrieden. Aber nach einigen Jahren wuchs der Umfang meiner

Kaffees beständig an, sodass das Lager zu klein wurde. Also hieß es, erneut zu wechseln.

Ich entschied mich für die Rösterei von Rainer Braun in Mainaschaff. Rainer war 2004 Teilnehmer bei meiner ersten Kaffee-Studienreise nach Äthiopien, und wir pflegten im Anschluss daran weiterhin einen durchaus engen Kontakt. Als ich 2007 vom CoCE-Forschungsprojekt der Uni Bonn angefragt wurde, an einer Verkostung und Bewertung von äthiopischen Wildkaffees in Addis Abeba teilzunehmen, schlug ich vor, Rainer Braun als zweiten deutschen Verkoster mit ins Boot zu nehmen.

Ich wusste zu diesem Zeitpunkt bereits, dass ich nach Kanada umziehen werde, und brauchte deshalb unbedingt einen zuverlässigen Röster, auf dessen Urteil ich mich verlassen konnte. Die wichtigste Voraussetzung dafür ist, dass *ich seinen* Geschmack und sein Urteilsvermögen genauestens kenne, und er vice versa meine Anforderungen. Und bei einer einwöchigen, sehr intensiven gemeinsamen Verkostung hat man ausreichend Gelegenheit dafür. Ich muss allerdings noch anmerken, dass ich Rainer, auch wenn ich nicht umgezogen wäre, ebenfalls vorgeschlagen hätte – um hier jedem Missverständnis gleich vorzubeugen!

Nachdem ich schließlich zu ihm gewechselt bin, was aufgrund der ganz anderen Größenordnung der Rösterei als zuvor bei Thomas Rupp für uns eine erhebliche logistische Veränderung bedeutet hat, gehen alle Kaffeemuster von Trabocca direkt zu Rainer. Er macht die Musterröstungen, verkostet sie und teilt mir das Ergebnis mit. Da ich nun genau weiß, wie er einen Kaffee bewertet, und er genau weiß, was ich gerne haben möchte, verlasse ich mich auch bei ihm auf sein Urteil. Empfiehlt er mir einen Kaffee, kaufe ich, rät er mir davon ab, lasse ich die Finger davon. Das gilt auch für die Bewertung, ob sich ein Rohkaffee besser als Kaffee oder als Espresso eignet.

Auf der anderen Seite habe ich ihm von Kanada aus, wo ich mich mit einem Röster aus Montreal öfters zum Proberösten treffe, schon Kaffees empfohlen, die er ohne eigens ein Muster anzufordern gekauft hat; auch so herum herrscht „blindes Vertrauen“.

Versand und Buchhaltung
Noch besser als die Leute von Trabocca und Rainer kenne ich Andrea. Sie ist für Versand und Buchhaltung zuständig. Mit ihr habe ich vor „Urzeiten“ viele Jahre in einem eigenen Zweier-Büro eines großen Unternehmens gearbeitet. Wir waren eine „Sondereinheit“ für Abwicklung diverser EU-Projekte, und wir waren ein perfekt eingespieltes Team, bei dem jeder haargenau wusste, was der andere kann. Es war einer dieser glücklichen Umstände, dass sich unsere (äußerst unterschiedlichen!) Fähigkeiten optimal ergänzten. Als ich dann 2005 jemanden brauchte, und sie gerade kurze Zeit zuvor „freigesetzt“ wurde, war ich überaus froh, dass sie mein Angebot annahm.

Andrea wickelt viele Dinge völlig selbstständig ab. Sie kommuniziert mit Kunden, Lieferanten und wenn es notwendig ist, auch mit dem Steuerberater oder dem Finanzamt. Das ist für mich eine tolle Sache, Kontrollen sind nicht notwendig! Solche Mitarbeiter/innen wünscht man sich! Wir telefonieren drei- bis viermal die Woche miteinander, um all die vielen Details, die in der Alltagsarbeit anfallen, zu besprechen und gleich erledigen zu können. Aber auch strategische Fragen oder größere Entscheidungen diskutiere ich mit Andrea.

Website, Shop und Blog
Andreas kenne ich schon seit Studienzeiten, also auch schon seit Urzeiten. Ein absolut fähiger Programmierer, der seit 25 oder 30 Jahren „im Geschäft“ ist.

Von Anbeginn erledigt er alle „Hintergrundarbeit“ bezüglich Website, Shop und jetzt auch Blog. Wir arbeiten ausschließlich über Internet und Telefon/ Skype. Da wir dies auch schon machten, als ich noch im schwäbischen Irslingen und er in Regensburg wohnte, machte es sich überhaupt nicht bemerkbar, dass zunächst er, dann ich meinen Wohnsitz verlegte. Der Unterschied, ob ich über 100, 500 oder 5000 km telefoniere oder E-Mails verschicke, ist definitiv null! Gesehen haben wir uns übrigens das letzte Mal vor vielleicht zehn Jahren. Dennoch arbeiten wir ganz eng und kontinuierlich zusammen.

Andreas macht aber nicht nur alles, was die Programmierung betrifft, er macht es vielfach einfach von sich aus! Mit „Archäologie-online", der größten deutschen archäologischen Site, pflegt er selbst eine Website und weiß genau, worauf es ankommt. In puncto Web-Strategie, Kundenakquise etc. ist er ein unerlässlicher Diskussionspartner. Auch mit ihm diskutiere ich zentrale strategische Fragen. Wie bei allen anderen erwähnten Personen sind auch bei ihm das gute Kennen der Fähigkeiten des jeweils anderen und das blinde Vertrauen die Basis der Zusammenarbeit!

Zusammenfassung

Ich denke, an den ausgewählten Beispielen lässt sich erkennen, unter welchen Voraussetzungen man in Kanada leben und in Deutschland Kaffee verkaufen kann. Das Entscheidende, und ich hoffe, ich konnte das nachvollziehbar darstellen, ist, mit guten, zuverlässigen, selbstständig handelnden Leuten zu arbeiten. Von gleicher Bedeutung ist es, wechselseitig die Fähigkeiten des jeweils anderen einschätzen zu können. Falsche Erwartungen und eine Überforderung des anderen lassen sich so vermeiden. Würde ich mit Leuten zusammenarbeiten, denen ich ständig alles „vorkauen" oder denen ich hinterherlaufen müsste, ich glaube, ich könnte in kürzester Zeit den Schlüssel umdrehen.

Leben in Kanada und Kaffee verkaufen in Deutschland. Warum ich mein Geschäft weiterhin in Deutschland betreibe.

11.09.2008

Seit ich umgezogen bin werde ich mindestens einmal am Tag gefragt, warum ich meinen Kaffee und Espresso nicht in Kanada verkaufe, wo ich ja schließlich lebe, sondern weiterhin in Deutschland. Nun, warum ich das so mache, hat gleich mehrere Gründe.

Konsumverhalten

Um ein Produkt oder eine Dienstleistung zu verkaufen, sollte man die Mentalität und das Konsumverhalten der Gesellschaft, in der man das Produkt verkaufen möchte, sehr genau kennen; ansonsten ist die Gefahr einer Bruchlandung ausgesprochen groß. Und beides kenne ich in Deutschland wesentlich besser als hier in Kanada.

Formalitäten

Ich hätte die ganzen Anmeldungen und Formalitäten, die eine Selbstständigkeit mit sich bringt, noch einmal machen müssen. Ich hätte mich durch die hiesige Bürokratie „durchwursteln" müssen, einen Steuerberater suchen etc. etc., quasi wieder bei null anfangen müssen. Das kostet mich viel zu viel Zeit, die ich für das bestehende Geschäft viel effektiver nutzen kann.

Neuaufbau

Einen Versandhandel neu aufzubauen hätte meine gesamte Zeit und Energie in Anspruch genommen, ich hätte Personal für den Versand suchen müssen, einen Lagerraum, eventuell ein Büro, hätte die Website komplett übersetzten oder in inhaltlich gekürzter Form neu erstellen müssen, hätte ein neues Verwaltungssystem gebraucht und gegebenenfalls jemanden, der damit umgehen kann, einen zuverlässigen Paketdienst, einen Kartonagenlieferanten, einen Layouter, eine Druckerei, einen Tütenhersteller, einen Röster etc. etc. ... ich glaube, die kurze, noch lange nicht vollständige Aufzählung ist selbstredend. Hier neu anzufangen wäre nur möglich gewesen, wenn ich das Geschäft in Deutschland aufgegeben hätte. Die Möglichkeit aber, das in Deutschland Begonnene erfolgreich weiterzuführen schien mir deutlich größer zu sein als hier mit etwas Neuem schnell Fuß fassen zu können.

Teilzeitarbeit
Hinzu kam die Geburt unserer Tochter im Januar diesen Jahres. Auch hier trafen meine Frau und ich von vorne herein eine klare Entscheidung: Sie wollte gerne sechs bis –sieben Monate nach der Geburt wieder Vollzeit arbeiten – was seit Anfang August konkret der Fall ist; für unsere (unglaublich süße) Tochter haben wir wie geplant eine zu uns ins Haus kommende Vormittagsbetreuerin angeheuert, nachmittags erkundet Papa kinderwagenschiebend seine neue Heimat.

Ich arbeite also nicht nur „über den Teich" mit an vielen Orten verstreuten Leuten, sondern derzeit außerdem nur halbtags! Dass dies für einen Selbstständigen, der sich gerade in einem anderen Land niedergelassen und eigentlich reichlich zu tun hat, nicht gerade das Einfachste und Alltäglichste ist, dürfte auf der Hand liegen. Ich muss mich und meinen Arbeitsalltag komplett neu organisieren, die Schwerpunkte anders setzen und deutlich mehr delegieren als zuvor – ein Prozess, in dem ich mich nach wie vor befinde.

Kundenstamm
Ich müsste mir in Kanada einen Kundenstamm neu aufbauen, also auch hier völlig bei null anfangen. Und das ist wörtlich zu nehmen: bei null Kunden! In Deutschland haben wir dagegen einen sehr schönen und treuen Kundenstamm. Warum den aufgeben?

Schluss und Ausblick

Ich denke, die aufgezählten Gründe sollten ausreichend die Frage beantwortet haben, warum ich mein Geschäft weiterhin in Deutschland betreibe und nicht in Kanada neu angefangen habe.

In der nächsten Folge werde ich den meinem Geschäftsmodell unterliegenden zentralen Aspekt, die dezentrale Struktur, erneut aufgreifen und vertiefend beleuchten. Ich halte das für notwendig, weil mir beim Schreiben der einzelnen Folgen zu „Leben in Kanada und Kaffee verkaufen in Deutschland“ die Bedeutung dessen, was ich mache, erst richtig klar geworden ist. Das von mir praktizierte Modell ist genau genommen eine Extremform des Outsourcing, einer Arbeitsweise, deren Zukunft gerade erst begonnen hat.

Leben in Kanada und Kaffee verkaufen in Deutschland. Letzter Teil: DIE WELT ISCH VERRUCKT WORE!

18.09.2008
Wie in dem vorausgegangenen Beitrag angedeutet, ist mir erst beim Schreiben die Bedeutung und Tragweite dessen, was ich tue, richtig klar geworden. Aus der Not heraus bin ich zu einer Struktur und Arbeitsweise gezwungen worden, die inzwischen an Modernität (oder „Verrücktheit“?) kaum zu überbieten ist: Outsourcing total!

Outsourcing

Outsourcing ist nicht Neues, es war bisher aber eher auf große und mittelständische Unternehmen des produzierenden Gewerbes oder großer Dienstleister wie der Telekommunikationsbranche etc. beschränkt. Ausgelagert wurde/wird je nach Notwendigkeit oder Möglichkeit eine kleinere oder größere Zahl an Teilbereichen.

Inzwischen haben aber auch kleine und Kleinstunternehmen begonnen, nicht nur Teilbereiche, sondern nahezu alle Tätigkeiten auszulagern. Diese Unternehmen kooperieren in der Regel mit anderen Klein- oder Kleinstunternehmen, häufig Selbstständigen in Form von Personengesellschaften, die teilweise als klassische Freelancer agieren. Entscheidend dabei ist, dass die Zusammenarbeit weitgehend oder gänzlich im virtuellen Raum stattfindet und sich die Kooperationspartner oft gar nicht in persona kennen.

Wie geht man beim Outsourcing vor?

Nun, zunächst muss man genau wissen, welche Tätigkeiten man auslagern kann oder sollte. Die Basis-Frage ist immer: Wie kann ich effektiv und effizient arbeiten, ohne alles selbst machen zu müssen oder hohe Personalkosten zu haben? Je nach Tätigkeit/Gewerbe und eigenem Vermögen kann oder muss man mehrere oder weniger Bereiche auslagern.

In meinem eigenen Falle habe ich so viel als nur irgend möglich ausgelagert. Ich habe nach eingehender Analyse festgestellt, dass es tatsächlich nur wenige Bereiche gibt, die nicht an andere zu delegieren wären. Zu diesen wenigen Bereichen gehört z. B. alles, was direkt im Zusammenhang mit

Rohkaffee steht; so kann und vor allem will ich die Entscheidung, welche Kaffees in welcher Qualität Maskal kauft, nicht anderen überlassen; es ist die Basis, auf der alles andere aufbaut.

Alles jedoch, was ich selbst nicht beherrsche oder was zu viel Zeit in Anspruch nehmen würde wie Programmierung, Layout etc., habe ich ausgelagert. Entscheidend ist, dass ich derjenige bin, der die Richtung, wohin ich gehen will, vorgibt, dass ich die Fäden in den Händen halte und die einzelnen Teile so dirigiere, dass ein funktionierendes Ganzes entsteht. Die Voraussetzung hierfür ist, dass man loslassen kann, delegieren kann, mit jedem Einzelnen offen kommuniziert und ihm vertraut.

Wie finde ich „externe Kollaborateure"?

Ein schönes Beispiel hierfür gibt Tim Ferriss – auf den mich Burkard Schneider vom best-practice-business-Blog[1] dankenswerterweise aufmerksam gemacht hat – in seinem Blog-Artikel „Mom-and-Pop Multinationals"[2]. Dort findet sich auch eine Auflistung von spezialisierten, in den USA angesiedelten Vermittlungsagenturen wie Elance, DoMyStuff oder Guru.com, die Anbieter verschiedenster Tätigkeit aus aller Welt in Datenbanken verwalten. Brauche ich jemanden, der mir ein Layout entwirft, eine Datenbank einrichtet oder Texte schreibt, so lässt sich über solche Agenturen leicht ein adäquater Freelancer in Österreich, Boston oder Bombay finden. Die Honorare sind festgeschrieben, der Kontakt leicht hergestellt; so funktioniert modernes, ortsunabhängiges Arbeiten. Nicht mehr der Ort, an dem sich Menschen zur Arbeit zusammenfinden, zählt, es zählt nur noch die (Qualität der) Arbeit! Die modernen Kommunikationsmittel machen es möglich.

Ich selbst bin einen anderen, ebenfalls häufig zu findenden Weg gegangen: über persönliche Beziehungen und Empfehlungen. Es hat sich situationsbedingt einfach so ergeben.

Eine spezielle Gefahr besteht allerdings bei einer Arbeitsbeziehung mit

1 www.best-practice-business.de/blog

2 http://www.fourhourworkweek.com/blog/2008/07/08/mom-and-pop-multinationals-how-to-go-global-plus-call-with-me-and-david-allen-at-12pm-pt

Bekannten, guten Freunden, Verwandten etc., Menschen also, zu denen man eine mehr oder weniger intensive persönliche Beziehung pflegt, jedoch immer: Da in der Arbeitswelt andere Gesetze herrschen als in der Freundschaft, kann es sehr schnell zu einer „zwischenmenschlichen Schieflage mit heftigen Trennungsschmerzen" kommen. Eine private Distanz zu Personen, mit denen man virtuell zusammenarbeitet und die man noch nie gesehen hat, kann da schon ihre Vorzüge haben! Ich selbst muss sagen, dass ich, im Gegensatz zu einigen Fällen in meinem Bekanntenkreis, sehr viel Glück mit den Leuten um mich herum gehabt habe und weiterhin habe.

Die Arbeitsverhältnisse bei Maskal

Außer Andrea, die für den Versand, die Buchhaltung und allgemeine Bürotätigkeiten zuständig ist, arbeiten alle anderen selbstständig und auf Rechnung. Mit Andreas (Programmierung) habe ich einen Wartungsvertrag mit festgelegtem monatlichen Honorar, mit Ute (Website-Struktur) einen zeitlich begrenzten Werksvertrag, ebenfalls mit fixem Honorar, der nach Bedarf verlängert werden kann, die Rösterei stellt leistungsspezifische Rechnungen aus etc. Die einzelnen, sehr unterschiedlichen Verhältnisse sind den jeweiligen Gegebenheiten angepasst, was eine gewisse Flexibilität, speziell meinerseits, voraussetzt.

Vor- und Nachteile des Outsourcings

Einer der großen Vorteile des Outsourcings liegt darin, dass Personalkosten einspart werden. Ein Kleinstunternehmen kann kostengünstiger arbeiten und erhöht somit seine Konkurrenzfähigkeit. Bezahlt wird in der Regel tätigkeits- oder auftragsbezogen.

Auch die betrieblichen Kosten für Räumlichkeiten, Overhead, Personalschulungen etc. entfallen; sie sind zwar in den Honoraren der extern Beauftragten eingerechnet, müssen aber nicht dauerhaft, sondern nur umgelegt für die Zeit des Auftrag entrichtet werden.

Nicht außer Acht gelassen werden darf auch der Umstand, dass im Falle von fachlichen oder zwischenmenschlichen Konflikten eine Trennung deutlich unkomplizierter ist als bei fest angestelltem Personal.

Ein entscheidender Nachteil dagegen kann (muss aber nicht) sein, dass dem Externen, wie ich es leider auch schon erlebt habe, die Fähigkeit fehlt, sich auf die spezifischen Eigenheiten des Aufraggebers einzulassen; das führt zu geringer Effektivität und es kann zu „Reibungsverlusten“ kommen. Das ist bei der virtuellen Zusammenarbeit nicht anders als bei der „terrestrischen“. Deshalb empfiehlt es sich, zu Beginn zeitlich eng begrenzte Verträge abzuschließen. Läuft die Zusammenarbeit gut, wird man sowieso gerne auf die gleichen Personen zurückgreifen.

Schluss

Meine Arbeit wäre in der Form, wie ich sie leiste und im Laufe der beiden vergangenen Wochen geschildert habe, vor etwas mehr als einer Dekade undenkbar gewesen. Insgesamt muss ich festhalten, dass sich, gleichgültig ob ich mit mir bekannten oder unbekannten Leuten im Cyberspace arbeite, die (Arbeits-)Welt in den vergangenen 15 Jahren dramatisch verändert hat. Sie hat sich so dramatisch verändert, dass ich manchmal beinahe vergesse, dass noch Anfang der 70er-Jahre meine Mutter erschrocken davonlief, wenn bei uns zu Hause das Telefon klingelte, oder dass meine ehemalige Vermieterin, Bäuerin Schwab, Anfang der 90er-Jahre in Bezug auf das Faxgerät ausdrücklich von „Hexerei“ sprach. Meine Mutter ist inzwischen verstorben, Bäuerin Schwab aber hat letztens, als sie mich aus Sexau bei Freiburg anrief und über Skypeln bei mir im Rechner in Ottawa wieder rauskam nur noch „sprachlos“ gesagt: „Die Welt isch verruckt wore!“ In diesem Sinne ...

Ottawa, 18.09.2008

Anm. 22.04.2012: Seit dem Schreiben von „Leben in Kanada – Kaffee verkaufen in Deutschland“ hat sich natürlich eine ganze Menge getan. Das Bedeutendste ist sicherlich, dass ich seit Kurzem bei Maskal „ausgestiegen“ bin. Der Hauptgrund dafür war, und das konnte mir keiner der vor meinem Umzug konsultierten Steuerberater und Finanzamtsmitarbeiter sagen, die in jeglicher Hinsicht für mich nachteilige steuerliche Situation. Da die

Globalisierung an den Bezirksgrenzen der Finanzämter im Speziellen und an den nationalen Grenzen im Allgemeinen aufhört, kann ich inzwischen niemandem mehr empfehlen, in einem anderen Land zu arbeiten, als man lebt. Die jeweils in beiden Ländern zu leistende Steuererklärung, der jährliche Nachweis, dass ich kein Steuerausländer, sondern Steuerinländer bin, die Wechselkursabhängigkeit meines Einkommens (das sich aufgrund des starken Euro in den Jahren 2008/2009 so „aufblähte“, dass ich einen beachtlichen Betrag in die kanadische(!) Rentenkasse einzahlen musste), dies und vieles andere machte auf Dauer für mich einfach keinen Sinn mehr.

Aus diesem Grund haben wir die seit 2010 existierende Maskal-GbR Ende 2011 aufgelöst. In Kanada habe ich mich selbstständig gemacht (jetzt machte es Sinn!) und arbeite auf Rechnung weiterhin für die seit Januar 2012 von Andrea Maier geführte Maskal – fine coffee company: inhaltlich auf der Website und im Blog, nachmittags als Ansprechpartner im „Auslandsbüro“.

Daneben habe ich im Frühjahr 2012 in Ottawa begonnen, selbst Kaffee zu rösten. Inzwischen kenne ich „die Geschmäcker“ und ich weiß, was und wie ich auf jeden Fall *nicht* rösten werde. Denn: Diese Stadt braucht dringend bessere Kaffees!

Was mir am Herzen liegt

Das Letzte, aus nur einem einzigen Artikel bestehende „Kapitel“, ist mir eine Herzensangelegenheit. Wann immer ich in Äthiopien bin, schaue ich nämlich bei der German Church School vorbei. Die Schule hat es mir angetan. Immer wieder bin ich beeindruckt von der Arbeit, die dort geleistet wird: im Unterricht mit den Kindern aus sozial und ökonomisch schwierigen Verhältnissen, im täglich Kampf um die Finanzierung, in der Auseinandersetzung mit „behördlichen Widrigkeiten“.

Vor etlichen Jahren habe ich mich deshalb mit Pfarrer Reuter aus Ruhla, der die Website der German Church School[1] pflegt, und Prinz Asfa Wossen Asserate, dem in Frankfurt a. M. lebenden Buchautor zusammengetan, um ein Förderprojekt für die Schule zu initiieren.

Über die Schule und das Projekt habe ich einen ursprünglich für das Blog geplanten Artikel geschrieben, der dann aber im Mai 2008 im „Crema“-Magazin, einem deutschsprachigen Magazin für Kaffeeliebhaber, publiziert wurde. Dank freundlicher Publikations-Genehmigung seitens „Crema“ können Sie auf den nachfolgenden Seiten lesen, warum es uns damals wie heute ein Anliegen ist, die German Church School in Addis Abeba zu unterstützen.

1 www.germanchurchschool.de

Kaisers Kaffee

Einen der besten Kaffees der Welt trinken, um damit sein Gewissen zu beruhigen, geht das? Nein, das geht nicht! Einen der besten Kaffees der Welt trinken und einem äthiopischen Prinzen dabei helfen, Gutes zu tun, geht das? Ja, das geht.

Natnael lebt in einem Armenviertel in Addis Abeba, Äthiopien. Er ist acht Jahre alt und besucht die 3. Klasse der German Church School. Im Gegensatz zu früher bekommt er dort regelmäßig zu essen: eine warme Mahlzeit am Tag und einen halben Liter Milch pro Woche. „Zu wenig für ein Kind, das in der Wachstumsphase ist und das zur Schule geht", befand der in Frankfurt a. M. lebende Prinz Asfa-Wossen Asserate von Äthiopien. Seit letztem Jahr unterstützt er deshalb mit seinem Premiumkaffee Rasselas das Milchprogramm der German Church School in Addis Abeba. Sein erstes Ziel: täglich ein halber Liter Milch für jedes der 600 Kinder.

Prinz Asfa-Wossen Asserate, ein Spross der kaiserlichen Familie von Äthiopien, weiß, wovon er spricht. Sein Heimatland, das nie in europäischen Kolonialbesitz geriet, hat einen Stammplatz im Armenhaus dieser Welt: Kriege, Revolution, Misswirtschaft, veraltete Strukturen, innere politische Kämpfe, ethnische Konflikte und vieles mehr hindern das weithin fruchtbare und mit Arbeitskräften gesegnete Land an einer gesunden, stabilen Entwicklung. Was das Land dringender braucht denn je, sind junge, gut ausgebildete Menschen, die unabhängig von ihrer ethnischen und religiösen Zugehörigkeit dieses uralte Kulturland wirtschaftlich voranbringen. Und das Potenzial an lernwilligen Kindern ist riesig, auch in den Armenvierteln der Hauptstadt. Und genau hier setzte 1972 die deutsche Gemeinde in Addis Abeba mit ihrem bis heute einzigartigen Schulprojekt an.

Aus dem von Anfang an praktizierten Ansatz der Hilfe zur Selbsthilfe ist in den Folgejahren ein modernes, sich stetig weiterentwickelndes Schulprojekt entstanden. Das Auswahlverfahren ist streng, denn immer wieder versuchen auch besser gestellte Eltern, ihre Kinder in dieser hoch angesehenen Schule unterzubringen. Doch trotz einer überaus erfolgreichen Arbeit seit 35 Jahren und vieler Förderer sind die Mittel der Schule chronisch knapp.

Um an einem konkreten Punkt der Verbesserung der Ernährung der Kinder anzusetzen, tat sich Prinz Asfa-Wossen Asserate mit zwei Mitstreitern zusammen: Pfarrer Gerhard Reuther, der die deutsch- und englischsprachige Website der German Church School (www.germanchurchschool.de) pflegt, und Dr. Hans-Jürgen Langenbahn von Maskal – fine coffee company –, dessen favorisiertes und oft besuchtes Kaffeeland Äthiopien ist. Beide kennen die German Church School gut und waren sofort von der Idee angetan, sie mit dem Verkauf eines äthiopischen Kaffees zu unterstützen.

Seit April 2007 produziert nun Maskal den Kaffee mit dem schönen Namen: „Rasselas – ein Premiumkaffee des Prinzen Asfa-Wossen Asserate zur Unterstützung der German Church School in Addis Abeba". Verwendet werden für die exklusive Mischung ausnahmslos äthiopische Spitzenkaffees. Von jeder verkauften 500-g-Packung geht 1 Euro an die German Church School. Vertrieben wird „Rasselas", benannt nach einem der majestätischen Berge im Norden Äthiopiens sowie dem fiktiven Helden aus Samuel Johnsons gleichnamigen Roman von 1759, auf Feinkostmessen, auf Lesungen des Prinzen und bei Maskal (www.maskal.de). Und damit alles transparent und für jeden nachvollziehbar ist, werden die quartalsmäßig (verwaltungsfrei!) überwiesenen Beträge, deren Höhe und die jeweilige konkrete Verwendung regelmäßig auf der Website von Maskal veröffentlicht.

War Prinz Asfa-Wossen Asserate von Äthiopien der Öffentlichkeit bisher vor allem als Bestsellerautor der beiden Bücher „Manieren" und „Ein Prinz aus dem Hause David – und warum er in Deutschland blieb" bekannt, so kann sich das bald ändern. „Die Sache mit dem Kaffee spricht sich langsam herum. Vielleicht werde ich ja noch zum Kaffeehändler! Nein, im Ernst, die Entwicklung freut mich außerordentlich. Die Unterstützung dieser wunderbaren Schule ist mir eine Herzenssache, denn was dort geleistet wird, ist bewundernswert", sagt der Prinz.

Dem ist ohne Einschränkung zuzustimmen. Derzeit werden ca. 1.100 Schüler und Schülerinnen unterrichtet, die alle unter sehr schwierigen sozialen und familiären Bedingungen in einem leider zunehmend verelendenden Stadtviertel leben. Die 600 Tagesschüler und -schülerinnen, für die das Milchprogramm eingerichtet wurde, werden in zwei Tagesschichten bis zur 8. Klasse unterrichtet. Abends findet Unterricht für Erwachsene des Stadtteiles statt. Während der Samstage werden Schüler und Schülerinnen, die weiterführende Schulen besuchen (bis Klasse 12), unterrichtet und persönlich betreut. Der ganzheitliche Ansatz der Arbeit findet sich in überdurchschnittlichen Leistungen bestätigt.

Es wird sorgfältig darauf geachtet, welche Ausbildungsmöglichkeiten für die Kinder bestehen. Ein Teil der Absolventen geht auf weiterführende Schulen bzw. zum Studium an die Universität. Früher oder später sorgen so alle für ihren eigenen Lebensunterhalt und können sich und ihre Familien ernähren.

Was die Ernährungssituation in der German Church School selbst betrifft, so konnte Prinz Asfa-Wossen Asserate mit den bisherigen Erlösen der Rasselas-Verkäufe in kurzer Zeit schon einiges bewegen: Mithilfe einiger zusätzlicher Spender gelang es, seit Mitte letzten Jahres die Milchration für die 600 Tagesschüler von einem halben Liter Milch pro Woche auf 1 Liter zu verdoppeln. Angeregt durch das Kaffeeprojekt kam es zu Spenden in beachtlicher Höhe direkt an die Schule. Dennoch, es muss noch viel Kaffee verkauft werden, um das gesteckte Ziel von täglich einem halben Liter Milch je Kind zu erreichen und die Versorgung dauerhaft aufrechtzuerhalten.

Aus Natnael, dessen Vater 20 Tage nach seiner Geburt starb und dessen Mutter ihn nach drei Monaten bei seiner Großmutter ließ und verschwand, weil sie ihn nicht ernähren konnte, ist inzwischen ein anderer Mensch geworden. Vorbei sind die entbehrungsreichen Jahre bei seiner Großmutter, die neben ihm auch ihre eigenen fünf Kinder durchbringen musste. Für sie ist der Tag, an dem sie Natnael an der German Church School unterbringen konnte, seine „zweite Geburt“. Und der Tag, als Sozialarbeiter der Schule ihr eine Starthilfe für einen kleinen Verkaufsstand gaben und sie seither nicht mehr täglich für einen Hungerlohn Eukalyptusblätter und -zweige für den Lebensunterhalt sammeln muss, ist für sie die „zweite Geburt der ganzen

Familie“. Den Kaffee gibt’s unter www.maskal.de

Anm.: Die vollständige Geschichte von Natnael können Sie nachlesen im Dezember-Rundbrief 2007 der German Church School auf www.germanchurchschool.de. Dort finden Sie auch viele weiterführende Informationen zu den Aktivitäten der Schule.

Printed by Books on Demand GmbH, Norderstedt / Germany